U0647121

时尚面对面

杭州时尚的十年记录

TEN YEARS OF
HANGZHOU FASHION
RECORDS

付莹 著

ZHEJIANG UNIVERSITY PRESS
浙江大学出版社
·杭州·

图书在版编目（CIP）数据

时尚面对面：杭州时尚的十年记录 / 付莹著. —
杭州：浙江大学出版社，2023.3
ISBN 978-7-308-23534-1

Ⅰ.①时… Ⅱ.①付… Ⅲ.①人物—访问记—中国—
现代 Ⅳ.①K820.7

中国国家版本馆CIP数据核字（2023）第028321号

时尚面对面：杭州时尚的十年记录

付　莹　著

责任编辑	曲　静
责任校对	陈　欣
封面设计	雷建军
出版发行	浙江大学出版社
	（杭州市天目山路148号　邮政编码：310007）
	（网址：http://www.zjupress.com）
排　版	浙江时代出版服务有限公司
印　刷	杭州高腾印务有限公司
开　本	880mm×1230mm　1/32
印　张	10.875
字　数	234千
版 印 次	2023年3月第1版　2023年3月第1次印刷
书　号	ISBN 978-7-308-23534-1
定　价	68.00元

序

有的人看过世界，有的人带着普通人去寻访这些看过世界的人。

从事媒体行业十余载，她一直试图用自己的方式，让更多的人，在别人的故事里，寻找自己的人生。

付莹曾是我多年前在报社工作时的同事，后来也与她颇多交流。她从一名"拍过戏、做过广告代言"的"本土名模"转型成为"报道过四大时装周、采访过名人名家"的女记者。她应该算是"不出道，只出稿"的典型代表之一，而我印象中的她，不仅是一位十分优秀的编辑记者，亦是一位颇为时尚的达人。在工作中，她是认真努力的媒体人，在生活中，她亦是知性魅力的风尚弄潮儿，是风尚圈的"主角"。

付莹或许是这个城市比较早的 KOL 发现者和传播者，早在 2006 年，她便寻访名人雅士和意见领袖，从另一个维度去讲述他们的故事。在"人设包装定江山"的今天，她再次转型，切换传播介质，通过短视频和纪录片等视觉语言再次诠释那些意见领袖的人生观、时尚观。

那些引领风尚的先锋人物、满腹才情的文人雅客、踽踽独行的少数派、云卷云舒的生活家在她的文字和视频里，汇聚成了一场繁花似锦的思想盛宴和生动鲜活的画面。

此书是她酝酿积累之作，历时弥久，内容丰厚，是一本风尚圈鲜活的人物辞典。深读此书后，让我重新认识了她本人，也再次拉近了与风尚的距离，重新认识了风尚的意义。

读着她的经历，我看到了什么是专注。一生只做一件事——影响有影响力的人，之于付莹，那就是风尚精神。专注需要一种心态，一种沉得住气的心态，要像拴住风筝的线，不论长一分还是短一截，风筝照样能够飞起，但它却决定了你能够到达的高度，决定了你是盘旋于蓬蒿之间，抑或是翱翔在云端之上。多一分专注，多一分坚持，就多了一分可能性，多了一把打开成功之门的钥匙。我还看到什么是认真，作为编辑和记者，作为策划人和制作人，作为时尚的引领者，她总是认真对待每一件事。无论角色怎么转换，她都能很好地适应，并且出色地完成。然而，其中，也往往意味着艰辛的付出和不懈的努力。经过十二分的努力，才能显得从容不迫，不经历如切如磋、如琢如磨的过程，怎么会有游刃有余、驾轻就熟的表现。我更看到了什么是精彩，一种在追逐梦想的过程中的多姿多彩，遍访文人雅士，经历奇闻轶事，每一段历程都是一颗晶莹别致的露珠。这些露珠流入溪流，汇集成江河，奔涌在追逐真善美的理想中。

一个个故事，如同一面面镜子，折射出风尚的理念，改变着我对风尚的理解。风尚，可以是淡妆浓抹总相宜；可以是一枝一叶总关情；也可以是随风潜入夜，润物细无声。

我理解的风尚，从热爱生活开始，风尚就是要面对自己，形成自己，活出自己。风尚是可以贴近日常生活的，可以阳春白雪，也可以下里巴人。风尚是旅途中不经意的微醺或者安逸，长假之时背一个大大的旅行包，准备几件衣服，挂着一部相机便足以一路流连。风尚及物，风尚也在人。女性爱走近风尚，风尚的女性，无异于一道亮丽的风景，引领风尚的潮流。对于风尚的追求不仅要有主动的意识，更要有卓而不凡的品位，在岁月中积淀，在积淀中形成。男人也同样追逐风尚。真正风尚的男人，不仅追求外在的风尚，更应以风尚的头脑、创新的思维、雷厉风行的作风和坚定的意志走在时代的前列，所谓穷则独善其身，达则兼济天下。风尚也是一种美丽的品行，它似雨，是纯洁的眼泪，是干涸大地的呼唤，是美好生命的始端。似雨的风尚，滋润人心。风尚召唤创新，风尚推动生活，风尚使我们永葆青春。是的，朋友，风尚青睐我们每一个人热爱生活的人，只要你对人生永远怀有梦想，对自然、对艺术、对新事物永远怀有好奇心，谁都无法扼制你生命中焕发的风尚的光彩。

最后祝风尚俏佳人的你，在风尚的舞台中，继续展现绚烂的身姿；在风尚的道路上，继续发掘鲜活的故事；在风尚的天空下，继续绽放无限的精彩。

二更网络创始人

编者按——

青春的岁月里，很多很多记忆被封锁，

压抑在心底，

释放，是最好的方式。

当记者的那些年，

结识了许许多多有故事的人，

他们是隐身于各行各业、拥有某种时尚生活方式和风尚智慧的意见

领袖，

他们比奇怪有趣一点，比有趣奇怪一点，

他们有一技之长，他们的一技之长特别"长"，

他们的梦，加起来，比世界还大。

忍不住把他们的故事和情绪灌注笔尖。

于是，一个个鲜活的，有魅力的，

来自不同领域的风尚领袖跃然纸上之时，

也成为这个城市与众不同纸质产品源的开始。

十余载媒体生涯，

邀请少数派，

邂逅生活家，

寻找纵观天下的先锋人物，

叩访满腹才情的文人雅客，

汇聚镜头前，点燃视觉火花，

定制风尚名片，烹制思想盛宴，

开启独特的人生探索之旅……

十年光阴，

似年轮般一圈一圈地画出他们精彩的人生，

没有轰轰烈烈的伟大事迹，

只用一种态度、一种腔调向我们证明"小人物"也能释放"大能量"！

很多年过去，与纸和笔相依相伴，

搀扶着走过了多少充满感动和收获的日子，

也排解了多少剪不断理还乱的愁怀。

日子长了，渐渐积攒下了越来越多的人生特写，

信手翻阅，顿觉辑文成册很有必要。

所有的笔录里，都是一个个受访者心灵的声音，

包含了人生奋斗与成功的真知灼见，

也记载了诸种善与美的道德真谛。

这些拥有多重身份的风尚跨界人，可高可低，亦正亦邪，

可以是倡导者，可以是文工团员，还可以是影响我们的时尚特工……

在我的邮箱里，来自读者的评论让人感喟：能力比什么都重要，每个人都不容易……

让人不沉迷于表面华丽的文章，而是在阅读中获得一些触动心灵的东西，

这才是我真正想要的精神读本，

记录有故事的时髦人生！

目 录
◇
CONTENTS

第三章　风尚设计

第八章　风尚先生

第九章　风尚造型

第一章

风尚
声音

用吉他演奏"噪声"
最"不靠谱"吉他手

他梳着道士头，像一个冷静的刺客。黄昏之后，他背着比剑温柔百倍的武器，和饭后散完步准备回家的人擦肩而过，来到最明亮、最嘈杂、最浮华之地，坐在那些饭后不想回家的人面前，要一杯酒，开始弹奏。

他叫李剑鸿，他的武器是吉他。

没有绚丽的舞台，没有华丽的铺陈，电流声、丝弦声、鸣笛声、人声，还有……一切噪声。

音乐像一个盒子，盒子外面，是很多不"靠谱"的即兴音乐家。李剑鸿，当属佼佼者。

要特别强调的是，李剑鸿演奏的不是传统意义上的"音乐"，有媒体称其为"噪声"，因为，他等不及、等不起音乐走下唱片架，只好在噪声的世界里死磕艺术的核。

李剑鸿到底会不会弹吉他？

"李剑鸿到底会不会弹吉他？"这是个很多人都想问的问题。身为技艺高超的吉他演奏者，李剑鸿擅长制造强烈的、迷幻的、排山倒海般的噪声，却又层层细腻，无形中编织出一个自我循环的声音有机系统。他以演奏激烈的吉他噪声而闻名，刺激人分泌肾上腺素。

有人称他的个人音乐是砸出来的"噪声"，无须用"先锋""概念""前卫"这些狠词儿去硬套，他坦然承认了一点：除了吉他，自己不具备熟练操作任何一样乐器的技能，因此只好玩玩"噪声"。

"对于一部分人来说，我永远不会弹吉他，对于另一部分人来说，我'弹'得很好。"在他脉络清晰的个人音乐辞典中，自然环境和生活环境存在的噪声跟创作者制造的噪声作品有本质的区别——那就是人的情感。"人们每天都在大街上听噪声，电瓶车尖锐的刹车声，店铺为招揽顾客大声播放的流行音乐，工地沉重的撞击声，以及你家楼上装修房子钻地板的噪声等，你不会觉得这是音乐，因为它们没有感情。而当有人参与其中，用这些声音做素材，采样，剪辑，制作成符合自己审美的作品，那它就是作品了。说得再好听一点是一种温柔而浪漫的暴力，它会让我们的生活具有噪声的节奏和荡气回肠的故事。"

像品茶一样品"噪声"

李剑鸿是中国大陆最活跃、最重要的噪声及声音艺术家之一，目前常居北京和杭州。他也是中国重要的先锋音乐节 2pi 音乐节（二皮音乐节）的策划人，曾被国际声音艺术名人兹比格涅夫·卡科夫斯基称为"中国最好的噪声艺术家"。他组建过的音乐团体包括：D！O！D！O！D！，迷走神经，背信弃义的双鱼座人及第二层皮等。目前已在自家的 2pi、日本的 PSF、美国的 Post-concrete 和 Archive 等厂牌推出了十来张作品。

"实验音乐"是近年来媒体送给他的一顶新"帽子"，没有音符、旋律、节奏，借助的是吉他、话筒和音箱之间产生的噪声。对他来说，音乐没什么实验不实验，找到自己表达情感的捷径才是最重要的。至于如何欣赏？"就像你可以品茶，也可以品水一样，不用想那么多。最重要的是看你自己的心态，你的心打开多少就能接受多少。"

简单，自由，即兴

李剑鸿长得很摇滚，但他很早就对传统摇滚那些条条框框的模式感到厌烦了。

他如今又爱上了"即兴"，最新出版的就是一套跟环境有关的唱片——《环境即兴》。比如其中的一张专辑《鸟》，像古琴一样安静、空旷，美得和这个时代扯不上一点关系，那些用和弦组成的噪声艺术，叮叮咚咚，一路弹到人们心里去。

李剑鸿的创作过程也越来越简单、自由。走到哪里，看到、听到觉得有意思的风景和声音，把它们录下来，就跟它们即兴一把。可以是乐器声，可以是人声，也可以是随手捡起的一个塑料瓶、一根树枝，还可以是在生活环境的任何地方，跟嘈杂的人声、机械声以及杂七杂八什么声音一起演奏、录音。不需要任何排练、准备、商讨……就那么简单。

留道士头，穿二手军装

李剑鸿一直很穷，即便他的名字前面挂着"中国实验音乐三大先驱之一"。二十年前最穷的时候做过一个月150元的清洁工，在孤山摸过螺蛳、河蚌，在植物园山坡的亭子里睡过一整个夏天……但即便是在地下通道里流浪"卖艺"，像他那样留长发、穿细脚裤、眼神飘忽的青年一概会被当成"艺术家"。

不过，尽管生活艰难，他还是一个乐观的人，始终认为自己正在做的，是一件高尚而有意义的事：生活中，总会有许多声音告诉你，这个应该做，那个不应该做，条条框框太多，而我做的音乐正是一把利器，斩断那些束缚人的枷锁。音乐开始，我就像喝了酒一样，忘记其他的事，陶醉了，胆子也大了，思想就解放了。

生活中的李剑鸿一如他的音乐创作一样，简单得很，即兴得很。在杭州唯一的消遣就是约上三五好友去山里走走，想去就去。他曾在杭丝联166创意园区里开过一个小酒吧，不过不常开门，想来就来，酒量也一般般，偶尔喜欢喝一点自己调的酒。人类活动里他最怕的就是K歌，"曾被朋友拉去过两次，跟呆子一样在那坐上几个小时，无聊得天都要灰了，发誓再也不会去了"。

李剑鸿如今剪掉长发，留起了道士头，他喜欢个性的发型和随意的装扮，喜欢二手军装（不是现在品牌服装仿制那种）。每到一个城市，他最喜欢去的地方就是二手市场，按现时尚一点的说法就是"古着""vintage"

（古色古香的），但对他来说主要还是经济实惠，不浪费，"偶尔会去逛一下商场，但那些时尚品牌的衣服真的好难看，没个性。而且现在的衣服不仅贵，质量也差。买点二手衣服穿穿，实在值得推广"。

"时尚"这个词，在他看来只是一种生活态度而已，"穿得舒服，吃得舒心，过得自然，就是最好的时尚"。

用音符讲故事
唱属于自己年龄的歌

横跨文坛、乐坛的文艺女青年

十年前的范潇匀，被称作"内地造星高手"，曾是小超人李泽楷旗下大国文化公司的上海区负责人，策划过谢霆锋、马友友、古天乐等多位明星的演出，身处娱乐圈，又不属于娱乐圈……后来，她把自己浸染在文字的海洋里，和她的孪生姐姐一起写着一些感人的故事和细小的情话，并且汇集成书。曾风靡一时的畅销小说《双生莲》是她们的处女作，不仅得到了著名香港导演马楚成等诸多大腕的鼎力推荐，就连韩寒都称赞"终于出现了真正的美女作家"……不久后，人们还沉浸在范潇匀第一部小说的绝美爱情故事中，这位年轻貌美的作家又和大家玩了一招出其不意——进军乐坛。于是，她的歌开始四处流传，《唱什么歌》《齐天大剩》《三人关系》《双生莲》……很快，她被誉为"华语乐坛最有故事的声音"！

从娱乐圈到文学圈，再绕回娱乐圈，范潇匀就像个落入凡间的精灵，有着丰富的职场经历、细腻的情感和敏锐的创造力，一边保持着孩童般的心怀，没有因为算计而苍老，一边用各种文艺方式不经意地表达着生活……而这个"精灵"还有位堪称 IT 界"杜拉拉"（曾任国内某著名网络公司高级市场总监）的双胞胎姐姐孙俪洛，她们的"乐双生"组合曾被称为"快乐男声"评委席上出现过的一道"最亮丽温暖的风景"。

但是你完全可以忽略掉这些"很幕后"的幕后背景，忘掉被拿来做噱头的"内地版 Twins"，下载一首来试听就好。

因为，根本不需要一首歌的时间，你就会牢牢记住她，欲罢不能！

有故事的声音，你懂的！

有些情绪，是说给懂的人听的。同样，有些歌，也只唱给懂的人听。

清新的民谣、感性的情歌、爽朗的摇滚和复古的嬉皮，在这张专辑中，出身中文专业，且自幼熟练二胡、钢琴等乐器的范潇匀，几乎一人包揽了专辑中所有的词曲创作，歌曲曲风从 jazz（爵士）到 R&B 再到 rock（摇滚）……性格的反差带来曲风的多样，从《唱什么歌》到小说同名曲《双生莲》，潇匀唱出了人生十种感情态度、十首心路随想，每一首歌都有属于自己的经典格言，十面范潇匀自嘲有些"性格分裂"。

她的歌声，温润美好而又略带忧伤的清新，忧伤里又透出某种坚韧的力量，让人心生美好；她的歌词，淡淡忧伤之中讲述着曾经的故事，就像一个欲语还休的智者，简简单单几个句子，就能让人回味许久。这种感觉，或许你早已在读范潇匀的小说《双生莲》和《爱情治疗师》中体会到了。但不承想，她竟能将这种魅力完美地糅合在音乐创作中，达到同样的境界。

"带着梦想一个人上路，背后是嘲笑和孤单，委屈中我放声歌唱，泪水滑落唇边，我依然坚强……"几曲听罢，会让人不自觉想起很多尘封已久的故事，那些故事也不是为赋新词强说愁的无病呻吟，而是来源于她的经历。打动自己，才能打动别人，"有什么样的经历，唱什么样的歌。做属于自己年龄的事，唱属于自己年龄的歌"。而这些故事，也让范潇匀的歌声韵味加倍丰厚。

此时，你猜这个会用音符"讲故事"的女子定是一个有故事的姑娘。没错，爱音乐和爱文字的人，都是有故事的人，因为听到、看到、体会到了太多细腻的东西，因为只有有故事的人才能唱得出这样的感情。有了感情和思想，才会有内涵，才能写出这样熨帖人心的歌词。也正是她在文学上超高的驾驭能力，以及触类旁通的艺术悟性，让她在人才济济的乐坛中，有了独一无二的辨识度——"有故事"的声音。

而事实上，这些声音缩影只是她的内心世界里很小的、容易用音乐来表达的部分。她心里的世界，远比《唱什么歌》更清新坦然、比《酸民主义》更敏感率真，也比她所有的作品更"特立独行"。

发表"新都市剩女宣言"

专辑名"齐天大剩"正是范潇匀个人经历的写照。即将跻身大龄"剩女"的她，曾在好友的游说下进行过一次相亲活动，但没有想到吃晚饭时那个男生还带了一个非常漂亮的干妹妹，一顿饭下来，她只顾看桌子，完全不记得那个男生长什么样子了……她相信，只有经历，才是转化成艺术的唯一素材。

"别再自怨自艾！每个'剩女'都是无所不能的'大圣'！让我们再等一下……没有人会被落单！"这就是《齐天大剩》中，范潇匀想告诉所有都市"剩女"的姐妹私语，是她为所有"齐天大剩"高举的"新都市剩女宣言"。洒脱而率真的范潇匀用简单而又诙谐的歌词，配上轻松的曲调，表述出了至今仍在剩男剩女行列徘徊着的"齐天大剩"的辛酸与无奈。

她也想借此告诉世间所有可爱的"大剩"妈妈们，"相信属于我们的爱情总会到来，不要让这些成为我们相亲相爱的隔阂，趁着那个男生还没有把我们'抢走'，让我们好好地陪陪你们吧！"潇匀希望她和她的"齐天大剩"可以陪伴每一个像她一样的单身大龄女青年度过需要静候的岁月。

为了这张专辑，她还远赴法国拍摄了音乐录影带，并亲自执导了《唱什么歌》及《三人关系》这两首歌曲的MV。她还邀请她的双胞胎姐姐，一起演绎了自己的MV。主打歌曲的MV画面既充满异国风情又带有强烈的文艺气息，刚一发表，便在网上获得了诸多网友的一致好评。

从"造星高手"到"内地版Twins"，再到唱作歌手；从小说《双生莲》到《爱情治疗师》，再到首张创作专辑《齐天大剩》……如此三头六臂的范潇匀，下一步，还会给我们什么惊喜？"触电"！除了音乐创作之外，范潇匀最近几年还写了许多电影剧本，或许，很快我们将会看到她导演的电影，而这部讲述当代都市生活哲学的电影中，她又会以女主角的身份给我们什么样的惊喜？谁猜得到呢！

风尚名片

鲁大东｜中国当代青年书法家，原创音乐人，前
卫艺术家，中国书法协会副会长，中国
美术学院现代书法研究中心副教授

左手弹琴，右手写字
在全世界普及汉字书法艺术

鲁大东，在全世界普及汉字书法艺术的中国青年书法家，常常带着自己的装置与行为艺术作品去世界各地参加各种当代艺术展。曾经为了德国的个展，在 4000 平方米空间的墙壁上"狂舞"；也会在国内年度汉字书写活动里，把极具情绪化的网络流行字眼，热闹地浓缩在一个个生造而艺术化的汉字里。

鲁大东，大概算得上杭州当代艺术家里最接地气的一个。

乍一看是位书法家，实则有着略显矛盾重重的身份：中国书法家协会会员，中国美术学院现代书法研究中心副教授、书法系老师，从事传统书法和篆刻的创作和教学，同时进行现代书法的创作实践，是书法界很有前途的青年才俊；前卫艺术家，常常带着自己的装置与行为艺术作品去参加各种当代艺术展；杭州一支摇滚乐队的主唱，对生活与时代进行思考，进而咏唱、呐喊，目前正在参与筹建中国美术学院"声音实验室"；传统艺术爱好者，对京剧、曲艺很有兴趣，开口就能唱上几句、说上一段；平面设计师，从事视觉传达、建筑设计相关的教学；一个 7 岁混血儿的父亲，娶了位奥地利太太，并与她共同探讨中国书法之创新……总而言之，书法与音乐，是他这个看似有些矛盾的"多面体"的灵魂。

书法家中最另类的歌手，另类歌手中最正经的书法家

即便是在这个见惯了前卫艺术的另类年代，鲁大东依然算得上显得有些出格的艺术家。

身为一名以书法为本色的当代艺术家，他更加注重新鲜的美感和时代的思想力量，而不仅仅是古老的笔墨本身。他会为了德国的个展，挥动着手腕粗的斗笔，在4000平方米空间的墙壁上"狂舞"；也会在杭州的年度汉字书写活动里，把"哥"那样情绪化的网络流行字眼，热闹地浓缩在一个生造而艺术化的汉字里。

身为一支摇滚乐队的主唱兼主要创作人，他时而把自己装扮成一个道士，时而系着围裙，躬着腰上台，再带着他那可爱的道具——一只黄色的鸭子公仔……在各种行为艺术的表象下，他把辛辣的现实主题融入摇滚乐，把曲艺、流行文化拼贴到歌曲里。

鲁大东的"与人乐队"，曾在2002年创立之初，便以在台上夸张的表现力一举成名，并渐渐成为杭州最具代表性的乐队之一。

乐队风格很难用现有的某种风格来概括，因为你会在他们的歌曲中听到革命歌曲、电视广告、摇滚版黄梅戏和京戏版摇滚。那些词曲大多出自鲁大东之手，"只要有好玩的东西都可以融入我们的音乐"，他用独特的视角盘点了这个时代发生的大大小小的事件，或八卦，或搞笑，听来妙趣

横生，让人忍俊不禁，但往往反映出了时下年轻人的心境。

很难想象书法家会去建立这样一支风格夸张的地下乐队，"没有什么奇怪的，做乐队和你们平时搓麻将、逛街是一样的，它只是我的一种爱好，像玩一样，我在做音乐的时候，就是在享受"。

墨韵合一，书法和音乐都是艺术交流的工具

"我左手弹奏，右手写字，嘴里唱歌或讲课。"音乐和书法到了鲁大东这里，其实是相通的，都是表现情感的艺术。在他眼里，古老汉字的线条艺术实际上就是一种无声的音乐，将流动的声音凝固成可见的旋律。"在写字的时候，通过毛笔的提按、顿挫、轻重、粗细等，形成一种节奏和旋律，达到一种外秀内劲、外刚内柔的美感。随着音乐的节奏，写字的时候，也会跟着音乐节奏，轻重、提按，写出一幅具有美感的书法作品。"大东一直在探求将现代书法和流行音乐艺术融合在一起，这样一方面可以传播书法艺术，丰富音乐创作，一方面也可以为其现代音乐和书法创作提供新的灵感源泉。

文字有不同，音乐无国界。鲁大东还希望未来可以在国外传播这一富有美感旋律的书法文化。"把书法与音乐结合起来，就可以在全世界普及汉字书法艺术。这其实是一种'通感'基础上的延伸，音乐是国际语言，美妙的旋律不需要讲解就能被各国人民欣然接受。而承载了中华文明的汉字书法，就是舞动的音符，它具有音乐的旋律。'上下左右'代表方向，'轻重快慢'代表力度和速度。"

玩当代人不玩的东西才是时尚

鲁大东这个山东大汉，音域无比宽广，曾有人形容其胸腔仿如一个大功率音响。然而，生活中的鲁大东，将"音响"的音量调到最低分贝，不过却是典型的"话痨"一枚，有他在完全不用害怕会冷场。大东有一种天生的幽默，他说自己最受不了"端着"。所以熟识大东的人大多惊叹于他的"贫嘴"，贫，却不贫乏；话多，却不多余。用"语不惊人死不休"来形容那是客气的。段子极多，尤善自编新段，搞得一班朋友见到他就讨段子，还掏出纸笔做记录状。鲁某特别爱评论，且以意见居多，年纪一大把还一派"完美主义者"的作风，典型"愤青"的调子。尤其对歌坛现状不满，看不惯这个的形象，听不惯那个的唱法，用词犀利，一针见血。

"处在下载时代，人们没有耐心听完一张专辑，甚至一首歌。所以音乐的存在和盈利模式早就改变了。"大东不是一个简单的流行音乐爱好者，他有一种流行文化的收集癖，在效果器里输入了丰富的时代记忆，以20世纪六七十年代居多。

他还给自己唱片的建议是造型上用古着的创意，将朴素生活设定为未来两年的流行方向。至于他在生活中的造型风格，也是"衣不惊人死不休"，典型的美院派。长至脚踝的长衫、花花绿绿的麻布裤子、复古搞怪的墨镜……改良版"巫师"风格是他最近的"菜"。而他买衣服也与一般人不一样，通常会去文化用品商店、音像店……总之都不是什么正儿八经淘衣服的地儿。而他也能碰上各种稀奇古怪的事儿，在他看来，"只要玩当代人不玩的东西，就是时尚"。所以早于你我，在 20 年前他就开始穿中山装、焚香、写书法、弹古琴、唱京剧……他总是这样顺从流行，而不盲从流行，有自己认同的自我价值，"你不一定是最风光的，但你有年轻的创造力，这就是厉害"。

四十多岁的大东不担心被时代抛弃，也不怕老。"我没有族群认同的压力，不追随流行语、流行衣着、流行的生活方式、流行的音乐模式。其实一个中年人总是追随易变的流行符号，人家也会觉得你奇怪！"

风尚名片
应豪丨著名歌手，自由音乐人，另类 DJ

影像易做作，文字会欺骗
唯有音乐能让上万人表达同一种情感

他出生在西湖边，

他随处捕捉音乐灵感，

他在十年前暂别家乡，

他浑厚的男中音把天堂的美唱遍大江南北，

而今，他又准备回到这片土地，

寻找更多未发掘的音乐之源。

听者，静水深流；看者，一叶知秋；捕者，坐观其变。《梦想天堂》过后，唱这首杭州市市歌的应豪，听着，看着，并捕捉到了一些神奇的密码。这个密码依然是——音乐。

应豪"应该自豪"，朗朗上口的旋律唱出了杭州人的自豪，但他不会留念过往的成绩，"那不过是一份送给家乡的礼物，没什么值得自豪的"。讲话和唱歌的音色相仿，灵感而浑厚的男中音，还透出一丝青葱，好像从未经历过变声期。难怪即便是他在 KTV 里向朋友借钱，那个沧桑浑厚的嗓音也能一下子震惊《红粉世家》的导演李大为，于是，那首唱遍大江南北的《花恋火》的歌声中，苍白与无奈尽显无遗。

那穿透耳膜的男中音和直入人心的情感至今难忘，当然，让人难忘的还有舞台上消瘦纤长的身影。

岁月渐长，应豪的身型依然保持得当，那个消瘦的身影向我走来：红色卫衣、墨绿色腰带、灰色窄腿裤。头上扣的白色鸭舌帽把视线压得很低，但依旧可以清晰地透过黑色空镜框看到有些游离的眼神。据他本人透露：黑色镜框可以让他眼前的所有事物变得立体化，仿佛正在收看各大电视台的"现场直播"。腰间的多彩布艺拼接挎包做工很精巧，这符合他"男人要讲究，不能将就"的精致穿衣原则。挎包的大小适中，但肩膀上那只印着"不可微波"LOGO 的黑色环保袋却大得离谱。

大包是标志，各种文具、杂志、报纸、录音机、口风琴，甚至微型音响……应豪的大包像是哆啦 A 梦的百宝袋，可以随时变出更多我们想象之外的东西，"因为没文化，所以要把这些有文艺气质的东西一股脑地塞进包里，随时恶补"。

了解一个人，只要听他哼什么歌

觉得男人要散发幽默感才有魅力的应豪认为，"幽默的最高境界是自嘲"，所以他要努力自嘲。

在音乐界沉浮二十余载的应豪总爱这般自嘲，"没文化"的他称自己不擅动手，但却洋洋洒洒地写了一大堆经典歌词。这边刚说完自己不善表达，那边就出口成章，随时与你侃侃而谈。

如今，"已经是老男人了"，但依旧在搞一些小年轻喜欢的事，比如和90后一起K歌，或者用他的"独门绝技"在上海的酒吧里客串DJ。

事实上，按照普罗大众的价值观，像他那样穿细腿裤、背大包、眼神飘忽的人，一概被当成"艺术家"，但应豪把自己归类于"民间老艺人"。

"民间老艺人"用这样的公式来表达他对音乐的热爱程度：音乐＞影像＞文字。在他心目中，音乐永远排在第一，所以他不写博客、只收听播客，而他了解一个人，最直接的途径就是听别人哼的歌。"影像能触动人，但有时美得甚至有些做作，而文字有时候具有煽动性甚至欺骗性，只有音乐能让上万人聚在一起表达同一种情感。"

咖啡馆太嘈杂，自带音响营造艺术氛围

如果参加选秀比赛，应豪多半会在"海选"时被淘汰，这个水瓶座男人，还会为选蓝山咖啡还是皇家奶茶而举棋不定。好在他出生在一个充满激情的岁月，那个年代不需要选秀，只需要你有气场和能量。但是生活中，应豪的气场有些两极分化。

他一方面是一个非常专注于做自己事情的人，写歌的时候就认真写歌，接受采访的时候就认真回答问题，这多少给人一种错觉，似乎他只是汲汲于完成眼前的工作，没有所谓的长远眼光和远大志向。但另一方面他又太不够专注，精神永远处于游离状态，很容易被干扰，特别是声音。

咖啡厅的环境有些嘈杂，这使得应豪的注意力无法集中，随时会被任何响声吸引过去。正在讨论葛建雄的书的时候，会突然评论起隔壁正在讲

电话的人的炒股经；刚刚还在向你介绍日本流行歌手德永英明如何真诚、有魅力，突然话锋一转，说服务生的倒水声太粗糙。此时，他从包里掏出一个小音响，放起了迈克尔·布雷的音乐，在悠扬的乐曲中继续自己的话题，"大环境不好时，就要自己营造小环境"。

他似乎有丰富的想象力，敏感，细腻，会对一个人的心思了如指掌，会为某个人或某件事创作音乐，用艺术语言深化彼此的情感。

《梦想天堂》中有眷恋

每次从北京回到杭州，大部分时间，应豪习惯躲在家里看书、看碟、打游戏或者写歌。应豪能写出激昂的战斗檄文，又有不少"花褪残红青杏小"一类的雅致小品。文如其人，这是对一个人和他的作品最好的评价。听他的音乐作品，如同品着清新的西湖龙井，读着苏东坡的诗，颂着曲，文化味很浓。作品中有对他生活的城市的解读，有对人生百态的思考，有对人生真谛的探索，有对社会众生的关注，有对生命的感恩。毕竟如果只有那股绵羊般的书卷气，他的魅力将远不及现在。难怪这个岁月磨砺出的"老男人"站在台上唱歌时，表现出"这个舞台你敢站上来就别怕死"的勇气和魄力。

应豪对音乐的理想总是带着乡愁，乡愁是一种曾经背叛或远离的情绪。而在这位本土音乐人脉络清晰的个人音乐辞典中，"杭州音乐"这样东西并不存在，它只适合于我们的想象，音乐"不能用地域性去判断"，因为它依然弱小。在他看来，"本土音乐人只是集体加工的想象，并力图拼凑它，实现它"。

一个故乡有一个故乡的吟唱者，我们的故乡没有唱响全球的《北京欢迎你》，我们有应豪和他的《梦想天堂》。

突然寂静，灯光熄灭，阴影下一张不动声色的脸。

曲终人散……

风尚名片

曾力轩 | "听起来不错"音乐品牌创始人，"不算太老男人"乐队成员，台湾地区音乐大师李正帆大陆唯一弟子

杭州唱作人
音乐用来分享和传递

这位曾在浙江卫视《非同凡响》等节目的舞台上被称为"杭州第一把吉他"的杭州小伙儿曾力轩，从校园组乐队一路走来，至今仍坚持原创。除了弹一手好吉他，贝斯、钢琴、打击乐器也个个擅长，更是目前在本土音乐圈颇具影响力的乐队"不算太老男人"的创建者之一，被他的歌迷"栗子"们誉为"音乐全才"。他用如诗般的歌词以及优美的编曲和弹奏，打动着每一位听众的心……

他被称作"杭州第一把吉他"

"音乐就要越拼越勇"，舞台上，怀抱吉他的曾力轩，以"干净见了底"的清澈嗓音屡屡赢得评委们的一致赞赏，得奖无数，曾获2010年亚洲节拍音乐大赛弹唱组冠军。舞台下，才华横溢的曾力轩，除了乐器演奏得一级棒，创作功力更是一流，词曲弹唱一手包办。身为唱作人，多年来一直贴着"原创"这块"膏药"，曾以"死了都要原创"作为口号参加选秀比赛。

一边是选秀出道，又说不要什么后援团，只要听众和爱音乐的人；一边他又不主观，欢迎"栗子"们不同的声音——觉得唱得好的，听得爽的，你们就巴掌拍之，快感喊之；听得不爽的，觉得唱得不好的，尽管板砖拍之，说出不同的声音！

寄情于分享音乐的"猪肝哥"

"猪肝"是曾力轩大学时代起的 ID，出自他当时那黑里透红的猪肝色健康肌肤，客气点的人称他一声"肝哥"。

肝哥的音乐起步有点早，幼儿园时候被迫练过电子琴；小学、初中转入合唱团；到了高中又开始弹琴，还用口琴创作了第一首歌；高中毕业的暑假去琴行正正经经地学了两个月吉他，然后就一直抱到现在。始于大一下半学期的创作，时至今日，已有一百多首的音乐原创作品，成果颇丰。

有人说天蝎座的肝哥是个有点"超理想"的人，而理想型人类总是满脑子的温柔情绪，脸上写着个激情、抱负什么的。此般"超理想"的肝哥把自己用心触摸着的生活转化成音乐的感觉。不信的同学可以去听他唱歌，有种心无所绊的忘情。

那些忘情之音，往往来自脑子里一闪的灵光。肝哥说自己的音乐是一种"反馈"，他希望把从生活中所得的质朴简单的感动，再反馈给别人。"有些人很纯粹做'自我享受的音乐'，自己一个人陶醉其中，而别人接收不到，这样音乐另一半的意义就没有了。我希望音乐是用来分享和传递的。"

身为创作型的唱作人，他从学习音乐开始到现在一直坚持写歌创作，倾向于表达自己的情感和生活体验，而不是简单的模仿翻唱，因为他不愿

"给人家打工"，只愿"做自己的老板"，坚持原创。

他说他最大的音乐梦想是有一天可以做世界巡演，一边创作，一边演出，一边旅游。在他的个人音乐辞典里，"不可能"是观点，不是事实。

领衔慈善本土势力，让爱从音乐出发

一些玩音乐的人只追求一个"爽"字，肝哥追求的却是对音乐、对生活的良好感觉。"我至今没奢望只用音乐养活自己，不太在乎商业的东西。我要表达的是生活中的体验和真实的情感，看重的是音乐能否感染大众。"

2008年，汶川大地震发生后，他和团队的录音师阿福一起，花了一个晚上的时间写出了词曲，创作出了杭州历史上参与人数最多的公益歌曲、杭州第一首由本土音乐人联手打造的赈灾歌曲——《这双手》，并招揽了本土20多位才华横溢的音乐人，花了整整8个小时，一起完成了歌曲的录制。"这双手，一直在，时刻为你温暖……装满你的天空，不让你孤单！"不分大腕小牌，共同唱出了杭州所有本土音乐人的心声——"四川，挺住！"

"爱，从音乐出发"，身为一名资深义工，他还关爱那些暑假在杭州的留守儿童，即便是在他将要参加《非同凡响》全国总决赛的那段紧张时间，依然坚持抽时间为那些"小候鸟"们上课。"人的灵魂会被孩子们清澈的眼神洗干净，音乐对于这些孩子来说，最大的意义就是能给他们带来自信、带来光明。他们可以用音乐和富裕家庭的孩子平等地交流，而苦孩子更容易在音乐上获得成功，音乐人要有激情，兴奋起来很重要。穷孩子看到乐器'来电'的感觉，让我非常痴迷。"

"不算太老男人"

如今在本土音乐圈声名鹊起的"不算太老男人"乐团，是力轩于2019年夏天与两位志同道合的朋友一起组建的，成立不到一年的时间就迅速成为华语乐坛的一股清流。三个1982年出生、如今已跨过中年人第一道门槛的曾经的大男孩，因为那个华语流行音乐美好的年代，爱上了音乐、爱上了唱歌，听着不同的歌曲，各自梦想、各自成长。

《不算太老男人》这首乐队同名曲，其实就是对"不算太老男人"这支乐队最好的诠释和注解。或许恰恰是在这样一个不算太老的年龄选择重新远行，让他们的音乐，有了一种特别的模样，那种同样努力，却又无比笃定、从容的魅力。毕竟，他们不再是青春年少，他们不会说着虚无缥缈的风花雪月，也不会谈论空洞无物的诗和远方。

乐队成立不到一年的时间，力轩和他的伙伴们创作大爆发，搞专场、录专辑、出EP（迷你专辑），同时组建音乐工作室……力轩喜欢这种团队合作的感觉，"音乐有时候是孤独的，但还有些时候是众乐乐的！玩音乐是我一辈子的事！"

远远近近的梦想，绘出了"不算太老男人"的蓝图。他们用音乐激荡梦想，彼此安慰。

在《远行》里，梦想照进现实，在《杰作》里，走出自我怀疑的纠结，因为《不息》里的一句"活着是底牌，不息是底气"，搞清楚生存与梦想的辩证问题……不过度追求曲风，也不执着于个性，让音乐变回生活本身。

袁娅维 | 拥有 Soul 和 R&B 气质的中国姑娘，与
　　　美国音乐人 Jewell 一道，带来融入中式
　　　元素的灵魂乐

创作一首中西结合的灵魂乐，
唱给西湖听

针线活一级棒，亲手为自己设计一身"灵魂"

黑色飞行员皮衣，紧身牛仔裤，及踝铆钉皮靴，永远的黑色大波浪……袁娅维有那种魔力，离你三米远，就能让你感受到她强大的气场。这个猫一样的女子，身上有一种很厚的性感，伴随着时刻散发出的慵懒气息，神秘而魅惑。这样的气场配合南山路黄楼爵士吧的氛围，加上一杯午后的拿铁，一切刚刚好！

且不提这位灵魂歌者的声音能否打动你的灵魂，只是瞧瞧那个身材、那个范儿，那股子慵懒和那张性感红唇，还有那娇艳的头花和妖娆的小烟熏，就足以迷倒众生。

袁娅维的打扮和她沁人心脾的唱腔一样，比其他女歌手多了一份妩媚与风情。君不见，她在《中国好声音》中第一次出场时那一身热带风情浓郁的民族风装扮，便让人一眼就记住了这个小情调的姑娘：粉蓝撞色的碎花小吊带搭百褶裙裤，加上粉红色头花的点缀，相映成趣，透露出浓浓的波希米亚风情。她的穿衣风格也和她的音乐风格一样，融合了 Jazz 的热情和 soul（灵魂乐）的慵懒，时而是柔情女神，时而是火辣性感妞，就好像她时而甜美、时而性感的声线。令人难忘的是她与吉克隽逸 PK 时那一身复古的"黑超女"造型，性感的黑色丝绒上衣紧紧包裹住她傲人的曲线，搭配优雅的黑色高腰直筒长裤，全身丝毫不露，性感之味却呼之欲出。暂时借用杨坤那句话，"从优雅的姐姐变成性感的妹妹"。

然而，让你惊讶的是，袁娅维这一身"黑战袍"的设计灵魂，竟出自她自己的构思和巧手。她是"好声音"舞台上唯一一位从头到尾坚持穿自己准备的服饰的学员。袁娅维的母亲曾是一位裁缝，她说"妈妈是当年镇上最'潮'的女人"，从小跟在穿着时髦的母亲身边，不期然地就对时尚有了感觉。或许是遗传了母亲的巧手天赋，袁娅维自幼便喜欢自己改衣服，舞台上那条曾两次亮相的黑色高腰裤是她亲手缝制的，第二次出场时的那件白色紧身背心，肩带上的亮片点缀，也是她亲自设计的。

中国"好芍药"，大山里开出的一朵芍药花

抢眼的头花造型是袁娅维在"好声音"舞台上的"秒杀武器"，辨识度相当高。那朵娇艳欲滴的芍药花仿佛是袁娅维自身生长出来的，与自然融为一体，就像光和影的完美结合，开在她的头上也证明了这一形象的不可模仿性。

这个在一般人看来特别容易"毁容"的点缀，如果戴不好就会沦为恶俗，但却偏偏被她的热情点燃，演绎出美妙绝伦的效果，既不妖艳，也不

世俗。伴随着她扭动的腰肢和自如浪漫的歌声，有一种被海风抚摸、被云彩荡漾着的清新闲逸扑面而来。舞台上那朵扫除一切障碍盛放的芍药花，和她的性格一样灿烂。舞台下的袁娅维也超爱戴头花，童年和外婆一起爬山时，就喜欢在路边采花戴在头上。而她第一次登上"好声音"舞台时的那朵头花，也是外婆亲手为她戴上的，"那是一种祝福"。

袁娅维曾说过芍药是她家乡的花，也是她最喜欢的花，家乡的人欢迎她的时候，就是给她头上戴芍药花。她说此花象征着美丽动人、依依惜别，那是一种有关亲情的思念的寄托，一种对外婆、对家人难舍难分的情意和眷恋。所以，当演唱结束，留给观众的除了慵懒而性感的声音，还有那朵像她一样美丽而奔放的芍药花。

古董衫是另一种前卫

和许多女孩子一样，生活中的袁娅维也会三天两头购置新衣，最令她欢喜的，是那些低调的设计师品牌。她总能从那些设计师店里淘到很多个性单品，既能穿出她喜欢的oldschool（守旧派）味道，又不容易过时。最喜欢的大牌是Chanel，喜欢它的经典、复古、性感和有灵魂。那是身体里的另一个自己，悄无声息地隐匿在血液里。

和许多女孩子不一样的是，除了潮流新品，袁娅维还喜欢穿自己费心淘到的Vintage。2004年，袁娅维曾去日本东京留学，那是对她音乐熏陶和时尚熏陶都很重要的两年，当地盛行的二手文化几乎让她花光了所有的钱，也是从那时起，她便养成了逛跳蚤市场的习惯。她说那些承载着不同年代的如花旧衣裳，能让她真正感受到衣服的灵魂。所以在她的衣橱里，可以看到好多条被旧日情怀浸染了的衣服，还有不少从妈妈的衣柜里淘来的二三十年前的衣服，比如灯笼袖碎花衣裳和被她形容为"有生命"的丝绒裙子，散发着老旧木衣橱的味道。她穿上它们，在家中老唱机旁留影，时光仿佛停在那里了。

袁娅维的复古口味，与她喜欢的音乐紧紧相融。如果选择穿越，80后的袁娅维说她很想回到20世纪三四十年代的欧洲，因为她喜欢的JazzAge和斑驳影像，还有大红唇和充满欲望的声音，都出现在那个神秘而丰盈的喧嚣年代。她也喜欢那个时期那种梳着大波浪、穿着优雅洋装的摩登女孩，20世纪30年代的好莱坞性感女星海蒂·拉玛、女歌星费雯丽和经典偶像可可·香奈儿，都是她的时尚icon（偶像）。

第二章

风尚艺术

创新融合造就传世之作

一梭一缕续写"织锦传奇"

新"传"：跨界之"锦"，创新技艺呈现"千古行书"灵与厚

完美的艺术，灵魂是共通的，匠心同样如此。

公元353年，书圣王羲之与友人在会稽山阴的兰亭，饮酒赋诗，抒写了记述流觞曲水的"天下第一行书"——《兰亭序》。

时隔千年，一位当代织锦大师，用百余天的匠心，3万8000多根桑蚕丝线，1亿9000万次交织，从灵感生发、设计图稿，到下厂打样、细节调整，最终结果呈现。

惊艳世人的大师之作——《兰亭续》系列织锦茶桌问世，将"千古行书"以现代织锦技艺呈现，嵌入冰岛水晶永世封存，成为灿烂古文化的传承和延续。

一次看似"跨界"的艺术碰撞，实则却是一次殊途同归的艺术融合。

它的创作者李加林，基于中国传统美学，融合现代设计手法，将《兰亭序》织成古锦，并塑造出在河水中被冰封的外观，实现书法美、织锦美、

意境美的和谐统一，突破以往高端茶桌均采用名贵木材的概念，使当代中华文化创意设计实现新的跨越。

李加林的身上，披着多条荣誉"穗带"——中国现代织锦创立人、中国织锦工艺大师、中央宣传部文化名家暨"四个一批"人才称号、国家"万人计划"哲学社会科学领军人才、享受国务院政府特殊津贴专家、浙江省特级专家……迄今为止，能达到如此成就的中国工艺美术大师可谓凤毛麟角。

而他的作品，先后11次被国家领导人作为国礼馈赠外国元首，更为中国国家博物馆、故宫博物院等机构，以及多位国际政要收藏，被央视誉为"国礼大师"。

三十余载，他不仅用智慧与艺术开辟了中华织锦技术的新纪元，也利用中国传统的制衣文化唤醒了人们对织锦文化的关注和渴望。

而这，绝不是他织锦王国的边界。

他正在探索关于中华织锦的一切可能，以锦文化连接一切，通过艺术赋能生活。

他的"锦"文化，已经涉足织锦绘画、织锦旗袍、织锦名著、织锦装饰、织锦家居等领域……他希望用织锦设计生活中的一切艺术，也愿意为生活设计一切艺术织锦。

前"传"："锦"路艰辛，坎坷历程造就不凡人生

1961年出生的李加林，谦逊积蓄与文艺兼修，始终在生活里谦虚地

学着、做着、沉淀着。

就像春蚕食用了大量的桑叶后，需要暂时的停顿与消化，才能吐出华丽的丝，李加林，曾经在工厂做过学徒，也曾经避开浮躁与喧嚣，待岗在家，领着每月 300 元的工资补贴，更在沉静中实现了孕育、蜕变、升华。

时间切换到 1979 年，彼时的李加林，热爱艺术，喜欢绘画，最大的心愿就是考进浙江美院。

不料碰上艺术流年——他报考的浙江美院当年没有招生计划，全省只有浙江丝绸工学院（浙江理工大学前身）有艺术类招生。

于是，过关斩将，他考入浙江丝绸工学院丝绸首届美术设计专业，成为 12 名学生中的一员。

在校期间，专业的学习让李加林喜欢上了丝绸与纺织。学校毕业后，由于成绩突出，李加林被分配到浙江省轻工业厅。

这也意味着他将远离生产第一线，"搞纺织品设计，不仅要有艺术感觉，还得学习机械技术，如果不和机器打交道，那设计只能停留在理念中，就像一个美丽的梦，永远不会成为现实"。内心矛盾的李加林，思量再三，决定"下放"自己。

于是，他放弃了令人羡慕的"金饭碗"，主动要求下调到当时浙江省唯一一家丝绸技术研发企业——杭州丝织试样厂工作，开始接触和学习织锦文化与工艺。

在此后的 3 年时间里，他白天向老师傅学习传统技艺，晚上在办公室查阅法国织花等国际时尚资讯，短短几年的时间，通读了 6 万多本织物资料，快速跻身成为行业专家。1986 年，李加林回到母校搞教学、做科研。

后"传"："借锦传心"，根根丝线缔造多项世界第一

就像春蚕经历春夏的酝酿，终于金秋十月编织雪白蚕丝一样，李加林经过艰苦卓绝的努力，终于取得傲人的成绩。

一根根丝线，李加林用它们缔造了一个个"世界第一"。

在钻研织锦技艺的过程中，李加林发现传统织锦工艺品由于制作相对落后，存在不够精细、织纹色彩表现单一等弊端。

经过多年的反复探索和不断试验，李加林带领团队在传统织锦工艺的基础上，结合现代计算机、数码仿真和图像处理等高新技术，创造性地研发了"数码仿真彩色丝织技术"，用红、黄、蓝、白、黑 5 种丝线，变化出 4500 种色彩，让织物达到照片级的还原效果。

这一技术的面世随即震惊了整个丝织行业。

2004 年，李加林走上北京人民大会堂主席台，从温家宝总理手中接过国家技术发明奖证书，这是共和国历史上丝绸行业获得的最高奖。

这项发明也成为中国织锦史上第五次突破性发展的开始，刷新了中国 2000 年织锦史，改变了世界 100 多年的丝织图像设计表现方式，也成为我国丝绸行业为数不多的拥有自主知识产权的重要项目。

而对于李加林来说，这不过是他织锦艺术生涯的开端。

以该技术为基础，李加林陆续创作了一系列织锦工艺美术作品，还原了很多国内外名画，以丰富的色彩、精细的质地，把工笔画的细腻精致、

油画的浓彩重墨、水粉画的明媚鲜艳、国画的笔墨神韵都表现得淋漓尽致，出神入化。

其中《富春山居图》成为世界上第一幅仿真彩色织锦画，当时作为浙江省的代表作，李加林先后向朱镕基总理、温家宝副总理汇报工作。

而由他主创的《清明上河图》，更是创下了世界纺织工艺史上多项第一，载入了吉尼斯纪录，当时全国人大常委会副委员长费孝通为该作品题词称"中华瑰宝，传世之作"。

近十年来，李加林织锦的许多作品已经用于不同时期党和国家领导人外事活动，为中华优秀传统文化发展做出了积极贡献。

而李加林在艺术领域的造诣不止于此。

他有一句名言："为一个人，织一块锦，做一件衣。"

近年来，李加林团队开始攻关"全真丝独花织锦服装设计与制造系统"，实现了针对个人身型的个性化丝绸定织和个性化服装定制。

与以往使用现有面料进行高级定制不同的是，李加林所研究的织锦艺术旗袍将服装设计、纹样设计以及织物结构设计三位一体进行无缝对接和整体设计，使每一根丝线、面料的颜色、组织结构以及花型设计都丝丝相扣，达到珠联璧合、完美无缺的境地。

从一根丝开始定制。

沿着这根丝，李加林织造出自己关于"锦"的种种艺术幻想，也勾勒出人们对于织锦华服的美丽梦想。

续"传"："锦"绣传承，推陈出新，重塑文化自信

从一片桑叶到一缕锦绣，在丝丝缕缕的交织中，李加林和他的"现代织锦"在这一针一线、一梭一缕的传承与创新中，走向自己的"锦绣前程"。

如今，以李加林名字命名的织锦艺术中心一直致力于现代织锦艺术的研究与创新实践。

在他眼里，织锦既是中国传统文化，又可以承载各种文化。李加林带领团队采集中国文化的精华运用于织锦产品开发，推出了一系列个性化织锦艺术礼品：从定制旗袍，到织锦名画、名著，再到织锦长卷，不断提升织锦的工艺及文化附加值。

而他要做的，是借助传播当代"锦"文化，传承与弘扬中华优秀传统文化，这不单单需要久久为功，更需要创造性运用新技术、新理念、新表达，将中华美学精神巧妙熔铸其中，从而高质量传播。

他说，文化的传承要在创新传统的基础上，融入符合当下年轻人审美的元素，"我现在在做的东西，会放入一些比较现代的、时尚好玩的，甚至卡通的元素，这是年轻一代所喜闻乐见的，希望他们了解并爱上丝绸文化"。

另一方面，李加林也希望中国丝绸走向高端，回归在中国人民心里面高尚的、美好的、高贵的地位。在他看来，当下丝绸产业的低迷与行业门槛低、从业人员素质参差不齐、打价格战等乱象脱不开关系。

"我们的中低档产品太多，但能和国际上的顶级产品、奢侈品牌抗衡

的东西太少，培育高端丝绸产品市场十分必要。"他认为丝绸行业人要达成共识，尽快改变国内市场低价者胜出的局面。

"一带一路"倡议，不仅让经济腾飞，更让文化升华。

李加林觉得自己有责任再把"中国锦"这种几千年的文化复兴起来，形成一种文化自信。

回顾往昔，从传统织锦到如今现代织锦的创新，不仅提升了李加林的文化自信，也提升了李加林织锦的品牌自信。正如他所说，"我们目前做传统文化创新，就是缺少这种自信"。

展望未来，这位以缔造当代锦文化为使命的织锦大师如此描画心中的织锦之梦：如果说古代的"丝绸之路"是通过驼队搭载着一匹匹锦缎运往西方的话，那么未来，我们将通过多元化现代科技手段将中华文化融入世界，将中西合璧的文化图样用意美且形美的中国丝绸向世界展现中华文化服饰之美，重现"丝绸之路"的辉煌。

潜心钻研丝绸 30 余年，李加林将中国传统的织锦技艺带入了一个全新的时代。

转过身，依然是那个清瘦高大的背影，背着他永远的双肩包，也肩负着构建中华织锦"梦想花园"的使命：让传统织锦在当代的"泥土"里生根发芽，让锦文化链条粗壮绵长，而他自己始终在进行文化播种，在钻研丝绸的路上一直前行，一直，不会停止创新……

这项使命，李加林乐意做满一生。

风尚名片

陈陈陈 | 话剧导演，音乐人，编剧，四维实验剧场开创者

导演／编剧／配乐：我＝陈^{3}个人死磕实验小剧场，玩得"狠"失控！

实验正流行，不是谁都行。作为杭城第一个充满先锋色彩的"实验剧场"的创作者，陈陈陈屡次挑战观众的感官，打造出了一部部别开生面的"四维话剧"，开创了一种更为立体的话剧观看模式。

这个在戏剧界"涉世不深"的音乐人，他的价值就在于脑子里没有传统戏剧固有的框框，当他带着好奇、游历的心态在"戏剧"领域上下左右转了一圈后，竟然将始终"沉浸"在观众角色的我们，戴上了"闯入者"的帽子。

先锋的舞台与崩溃的剧场

恣意挥洒的韵味台词、单调简陋的布景与用光、恍惚游离的人物关系，还有对弥漫于舞台上的躁动情绪与不安因素略有节奏的控制，以及可以通过同声传译器随时切换"不同世界"的同步内心独白……浙江美术馆国际报告厅，一场虚幻而时空错综感十足的实验话剧，就这样在四维世界与现实的理性递进中，魔幻般地制造着充满先锋色彩的戏剧风景。

而贯穿始终的，是故作深沉的后现代主义语言、夸饰性的无厘头结构，以及与"小资""愤青"等激进的当代文化词语有关的内容，颠覆了传统的戏剧演出和观看模式……一个多小时过去，剧毕，观众摘下耳机，疲惫地回到扁平的现实世界，屏幕上打出"导演／编剧／配乐：陈陈陈"。

高高瘦瘦、长相斯文、戴眼镜，这个"一人扮三角"的哥们儿长得一点儿也不愤青，但他捣鼓出来的东西，绝对不会让你的肾上腺素得到安分！

你问他怎么称呼？他说"叫我陈陈陈"；你再问他本名叫啥？他将眼角抬高 45 度，"就叫'陈陈陈'，改名字了，合法的！"此时你八成会瞪大眼睛，"酷！"

更酷的是他的作品，他喜欢做"狠"的戏——实验戏剧。

很认真地"闹着玩"，收藏一屋子的乐器

这个 1987 年生人的杭州小伙，曾以专业第一的成绩进入中国美术学院综合艺术系，四年后，再次以专业第一的成绩成为跨媒体学院总体艺术工作室的研究生。

一直以来，他玩的东西都带点先锋色彩。

比如美术，他在大二时就创作了一部略带行为艺术的手绘作品——《我的全家福》。他在街上随意拦截各色路人，邀请没有任何美术基础的男女老少，分别为他们画一张头像速写，然后再自己临摹收集来的 120 幅头像画，组成一张全家福。

比如音乐，他能写能唱，一边谱曲一边演奏，经常捣鼓的乐器有电吉他、

电贝斯、架子鼓、古筝、铜板琴、合声器等数十种,私人乐器收藏更是堆满了一整个房间。还拥有一支略带诡异风格的乐队——"香料",也是诸如杭州热唛音乐节、跨媒体之夜等十几个多媒体艺术活动的音乐制作人。

比如策展,他是"刮刀音乐节"和"草坪音乐演出"的策划人,2011年,他的个人展览"成功学帝国国家馆"也成功举办。

当然,还有戏剧,那是他最认真的"玩"。

"戏剧就是个实验场,要被不断开掘。"而他玩的就是极端,他的作品也是多样性的,如他所说,"我希望给这个世界增加一些香料"。

我＝陈³个人,他可能开创了全世界第一个四维实验剧

陈陈陈的微博签名上写着:我＝陈³个人。

这个三次方是指他同时充当着"导演、编剧、配乐"三个角色。事实上,他还拥有更多身份:艺术指导、美术设计、服装设计、海报设计、剧务、财务、司机、设备总管、勤杂工……

他和一些80后、90后的戏剧界新生代,正在用行动定义着属于新一代的"实验话剧"。据陈陈陈介绍,由他一手打造的"生非剧场"应该是"杭城乃至全国戏剧界,甚至全世界,第一个以四维模式构建的多媒体实验剧场"。"有病呻吟,无事生非",换句话说,他们不做舞美工厂,死磕实验小剧场!

但先来把概念搞搞清楚:什么是"实验戏剧"?

非主流?后现代?另类?异端?高深莫测?……陈陈陈无法给出一个

标准答案，"实验戏剧能界定，那还叫实验吗？但我们可以从最后的效果来判断，是否有人做过，是否带来了新的剧场体验，是否对原有的东西造成挑战。"

在陈陈陈看来，实验是一种姿态，"我们是在小众的范围内争取更多的大众，在大众的圈子里找到属于自己的小众"。

在杭州，他，至少他的"生非剧场"，不仅找到了自属的小众，更成了一小撮戏剧迷们标榜的一面猎猎旌旗——先锋即时尚！带着那股青春躁动、血脉偾张，陈陈陈希望这能是一场播种，引领看戏的习惯，激发城市戏剧原创能量。

下次要玩更大的，想"实验"就必须拿出"干货"

陈陈陈确实有"料"，前不久在浙江美术馆上演的"实验"好戏《套娃》，是他的一次大胆尝试——从谍战戏、穿越戏，到抽象剧，陈陈陈利用 3 个独立的小短剧全面探索了 4D 剧场的各种可能性。

陈陈陈的"干货"还有音乐，《套娃》和他的大部分作品一样，他的原创主题曲贯穿其中，这些音乐仿佛斧子一样劈开逼仄、局限的文本空间，营造出个人化的开放的状态和氛围。而他要做的，正是这种有深度的、狠的、有敲击感的东西。

或许有的音乐和故事你会觉得听不太懂、看不明白，或者太艺术，甚至过于"高深莫测"，但甭管你是否习惯这种有别传统的舞台实验，相信你一定会坐在那儿直到散场，因为它的演出形式相当跌宕起伏、抓人眼球。

观众们对于这部作品的集体反映是：看的时候很累，看完后很过瘾。

但陈陈陈也做好了收获"撇嘴、摇头、叹气和如坐针毡"的准备，毕竟，每一次"实验"都充满了未知、危险和准备给你收尸的冷笑。就好像实验并不一定总是成功，实验戏剧也并非都出好戏，因为它的定位也比较清楚——边缘，而这也正是实验的属性所给予先锋戏剧的极端自由的填充空间。

所以，无论评价是好是坏，无论收获的是鲜花还是"板砖"，小剧场的魅力正在于此——永远会有让人出乎意料的事情发生。至于下一次"实验"，陈陈陈的脸上露出了坏坏的快意："这些还都是小儿科呢，下次我还要玩更大的！""什么是更大的？""到时候，你就知道了。"

在漫画世界里"行侠仗义"五十年

一袭黄衫，两撇八字胡，说话不徐不急，眉宇间似有排山倒海之气，再配上一脸永远轻松的微笑，此君乃香港第一大漫画出版集团"玉皇朝"之掌门人，江湖人称"漫画教父"的黄玉郎。

身为超级金庸迷，黄玉郎虽仅习武三日，却在漫画世界里"行侠仗义"长达五十年，笔下人物个个身怀绝技。他还在其代表作改编的同名电影《龙虎门》中，客串了武功深不可测的世外高人"奇侠"一角。

如果不是电影《龙虎门》，人们不会发现漫画《龙虎门》已风行近四十年，缔造了香港长篇连载漫画的历史纪录，甚至影响了几代香港年轻人。

香港人心中的《龙虎门》，好比内地人心中的《大闹天宫》。据说电影《功夫》里的"火云邪神"和《少林足球》中的"大力金刚腿"等，这些人物和武功招式也都取材于《龙虎门》。要知道看《龙虎门》长大的周星驰曾表示自己正是在这部漫画的影响下，靠着有口皆碑的执着精神，才在竞争激烈的演艺圈里从《射雕英雄传》里没有台词的"宋兵甲"变成了"星爷"。

"龙虎门"的掌门人如今已过花甲之年，令人唏嘘不已。他受过捧、挨过骂、打过人、坐过牢、道过歉、演过戏……在通往"行侠仗义"的武侠路上，黄玉郎两脚都是油门！

打不败的漫画人生

10岁发表第一部漫画作品，13岁到漫画出版社工作，从学徒到自创品牌，再到创立自己在香港的漫画王国，50多年漫画生涯里，黄玉郎的事业起伏跌宕，历经4次人生的大起大落。最好的时候，他是整个香港漫画帝国的"皇帝"；最坏的时候，他是赤柱监狱里的一名囚犯……看黄玉郎的人生经历就仿佛一部跌宕起伏的励志小说，而这部"纪实小说"也成为香港漫画的历史写照。

半个多世纪已过，如今的玉郎，已然是被业界称颂的商业巨人了，除了有"漫画界教父"的美誉，同时还是香港动漫画联会会长，香港第一大漫画出版集团玉郎集团、"玉皇朝"创办人，还打造了全球首个华人漫画网站。所出版之漫画不但在香港地区极受欢迎，在华语地区也占据重要地位；他引入日本漫画的造型设计、编绘手法，结合中国传统的连环图形式，开创了香港地区漫画新纪元。除了代表作《龙虎门》，他的漫画作品还有《天子传奇》《神兵玄奇》《如来神掌》等数十部，总销量超过4亿本。

除漫画外，黄玉郎的出版王国迈向多元化，推出了动画作品《神兵小将》和《奇幻龙宝》等，还曾出版了《香港日报》《金融日报》《天天日报》《翡翠周刊》等十余份报刊。

"入赘"杭州，创作"洪园"历史题材漫画

"杭州山灵水秀，遍布名胜古迹，不知多少文豪才子、艺术大师均钟情这美丽清雅之城，现在更是全国动漫第一都。"

自从 2005 年来杭参加第一届中国国际动漫节，他就与杭州结下不解之缘，连续到杭州参加动漫活动，让他领略了杭州动漫行业的前景。作为亚洲最有影响的漫画家之一，黄玉郎此番毅然北上落户杭州，发誓将黄玉郎漫画打入中国内地。

落户洪园西溪文化创意园区的动漫业务总部，既作为办公场地，也作为培训基地，未来想招收更多有天分的杭州动漫人才。他正在计划开办"动漫游戏学院"，培养网游和平板游戏人才，在他看来，漫画、动画、动漫游戏是三兄弟。

此外，他还想组建国际文化创意中心。以个人的人脉，招揽游戏、影视、音乐、服装、绘画等不同艺术领域的领军人物加入这个团队，并帮助他们发挥各自的艺术价值。

身处洪园，一向画风阳刚的黄玉郎，在领略江南的秀美山水和良渚的深厚文化后，触发灵感，创作出以此为题材的漫画。一直都对杭州的历史故事很感兴趣的黄玉郎，喜欢这种创新和挑战。

我只会"七星螳螂拳"

谁说黄玉郎不懂武功，他曾习武三日，学会了"七星螳螂拳"，但险

些废了画漫画的手上功力。最后只好放弃习武，将这股每个男人都曾有过的侠义精神融入作品。金庸的作品对黄玉郎漫画的影响很大，也使得他对武功的描写，更加天马行空，"我研究'射雕'里的绝招'降龙十八掌'，但看来看去都只有六掌，就自创出十二脚，把它改编成'降龙十八脚'"。对黄玉郎来说，灵感处处都在，《龙虎门》中破坏力极强的绝招"电光毒龙转"，就是他在为家具拧螺丝时研究出来的，电影《黄飞鸿》就用了他这一招。

黄玉郎这个超级金庸迷，点子多得很！先后改编了《射雕英雄传》《天龙八部》和《神雕侠侣》，打造了改编漫画风潮。还创下漫画界的先河，请林心如唱漫画主题曲，还将他口中的"特警新人类"谢霆锋画成杨过。

他说会一步步去改编偶像的小说，"用漫画表达武侠，读者的入心程度更高、更过瘾"。

首创国内网络漫画连载，打造浙江籍秋瑾"女侠"Q版形象

武侠漫画好看归好看，但很难俘获女读者芳心。这些年来，很多女读者都说黄玉郎"重男轻女"，画来画去都是些武打英雄，这也成了香港漫画男性读者比较多的原因之一。"我的风格本来就是阳刚味重的嘛！之前尝试过画美女形象，但画出来的女性都很阳刚。"不过，黄玉郎从不言弃，后来他在漫画连载作品《漫画佣兵天下》中增加了许多美女戏份。

他还对浙江籍巾帼英雄秋瑾有极大的兴趣，电影《竞雄女侠·秋瑾》是黄玉郎与好友冼国林合作出品的作品。他还为英雄秋瑾制作漫画书，并

领衔秋瑾 Q 版形象设计全球创意大赛，"意在推广中国第一位女革命烈士形象，弘扬忧民爱国的高尚情操"。

打网游关关通过，玩微博一把好手，越老越"出味"的时髦老顽童

身份的变换和商海的浮沉，都没有影响黄玉郎保有一颗"童真心"。

72 岁的他笑着说自己"无三高，无老花，视力比成龙好得多！"在他看来，作为一个漫画家，最重要的是要有童心。

"越老越出味"也在他身上得到印证，除了画画，黄兄最喜爱的事便是看电影、看电视。追看最多的动画片是《喜羊羊与灰太狼》，最爱看的电影是《变形金刚》，啧啧称赞美国的电脑动画特技确实强得厉害！平时喜欢和少男少女一样追看青春偶像剧，他还是很多武侠网游和手机游戏的高手，玩通关不在话下。

对于已过花甲之年的黄兄来说，青春就是现在，江湖仍在脚下，但已平淡如初。

杭州美食让他又爱又恨，花钱搭帐篷算是"屁股保护费"

就连吃零食，黄兄也要赶个"潮"。刚认识他那一年，"黄飞红麻辣花生"正风靡杭州，他把它晒在自己的微博上，每次来杭州都会买许多带回香港与老友分享，爱的是又香又脆又辣又"本家"，恨的是次日脸上就会长痘痘！

同样让他又爱又恨的还有杭州美食。"杭州美食让人胖！"不久前他带黄百鸣等人到杭州游玩，痛快大吃杭州美食，两夜三日之后，每人都重了两公斤。

黄玉郎的目标是要活到 120 岁，他的年轻秘诀和长寿秘诀就是保持乐观、年轻的心态。就在他杭州公司开幕礼前两天，天气预测当天会下雨，他立马决定花 3 万元搭帐篷。结果开幕那天艳阳高照，朋友说"这钱花得冤"，他摇头一笑，"不冤，否则，椅子都被晒得火烫，嘉宾们的屁股肯定要受难，这可算是'屁股保护费'"。黄兄还喜欢结识年轻的朋友，保持心境年轻，"因为很老的时候，好多朋友都先走了，没朋友的日子怎么过呀？会闷疯了呀！"

非线性杭州女人的"九级后浪"

曾铎是谁？一个生活在杭州、打拼在上海，搞艺术、做装置、玩行为艺术、设计衣服，清新范儿的"重口味"青年女艺术家。

如何艺术？

曾铎的作品，一个比一个带劲儿。

在上海的一条弄堂里，她和另一位男艺术家将自己关进一个巨大的被注入水的透明充气球中，在里面进行肢体表演，像外星生物光临地球，介入陌生的生活。同时，她还与位于德国科隆市内柯纳街 76 号上的巴比伦小卖部进行连线互动，也曾在 2010 年世博会德国馆举办过个人现场表演——《水星》。

在中国美术学院的展厅里，她让表演者展开了一场"玩耍"：通过表演者与升降车、软梯、秋千、转椅和桌子等现场道具创造新的发生联系的可能性，制造一个非线性叙事的现场，并利用灯光、投影和音效共同去表达。这是她对当时所流行的艺术语言本身进行的一次有效的自我反观实验。

这位 85 后的中国美院毕业生，仿佛拥有一门来自另一个星球的语言，从身体极限走向思想探寻。至于她捣鼓出来的东西，绝对不会让你的肾上腺素得到安分——"略带重口味、怪趣、充满实验乐趣"。

将艺术展变成服装行为艺术现场

曾铎毕业于中国美院的跨媒体艺术学院，在她看来，艺术就是个实验场，要被不断开掘。所以她的作品也是具有多样性的，"不喜欢那种被禁锢住的感觉"。同样，她也善变身份。

毕业两年后，她又开始了一个大动作，一个人跑到上海，与另一位 90 后艺术家朋友一起创立了自己的服装品牌。

从"人间天堂"杭州来到"国际大都市"上海，曾铎面对自己人生中的第二个挑战。"艺术家是多元化的"，她说，对于一个艺术创作者来说，最怕的就是自己没有敏锐的视觉和艺术的触角，闭门造车，套在一个圈子里走不出来。所以，她走出来了。

不过，这让她身边许多朋友觉得意外，一个搞艺术的跑去做衣服了，但在曾铎的想法里，这是一个在艺术的领域里非常自然的事情。

"服装就是一个可以将艺术的创意和观念得以转化的极其日常的媒介。"基于这样的理论，她将这个原创服装品牌命名为"介面"——身体是人生命的媒介，而服装在社会活动中所体现出来的生活方式与态度成为身体的媒介。在曾铎的想法里，"介面"是这个网络时代环境下诞生的服装态度，也是人和服装两者为一体作为新媒介的态度。

曾铎兼任"介面"的品牌运营、艺术策划、设计师和模特。

2016年的夏天，她拉着一群年轻艺术家，跑到转塘镇凤凰山创意园一起拍宣传片：烈日阳光下，她穿着自己设计的衣服陶醉于山石、山水和包浆后的泥墙间。而整个创作团队中，摄影师是玩影像装置的90后艺术家，模特是曾铎本人和她的另一位男艺术家朋友，而用来做道具的一艘方形铁船则是另一位杭州艺术家李明的装置作品。整个宣传片俨然一部视觉艺术作品。

她还干了一件更加好玩的事。用一整天的时间，在上海当代艺术博物馆蔡国强"九级浪"个展的现场，穿着介面最新系列的作品，进行一场行为表演，名字叫"九级后浪"，有意无意地表现出一种难以言说的幽默。这是她个人服装品牌的一场秋装发布，是一次行为，也是她对展览的一个回应，甚至是一种调侃。耗费上千万元巨资创作出的艺术装置，变成她发布时装的背景。脑细胞永远不安分的曾铎，与前辈艺术家蔡国强先生开了一个"玩笑"，她希望通过这种行为宣传的方式分享自己爆棚的想象力，引起更多人对生活的思考。

或许，"长江后浪推前浪"，在年轻新锐艺术家不断涌现的当代艺术界同样是这个道理。

深刻是桥梁，肤浅才是天堂

"深刻是桥梁，肤浅才是天堂"，这是曾铎的口头禅。

话虽然不怎么悦耳，却是她对于艺术形式表现的一种强烈的个人态度。

在艺术创作中，无论有多么深刻的想法和观念，多么有趣的私人经验，都应该通过公众能够感知的方式得以呈现和传播。而服装，正是一种最"广而告之"的日常媒介。

所以，她将自己无穷的创意融入自己的服装作品，除了衣服纹样之类的视觉艺术，还包括她喜欢玩的"行为"。比如，她设计了一款后面拖着条"尾巴"装饰的连衣裙，如果你穿着它去餐厅就餐，就需要比平时多做一个动作：要先把裤子后面的扣子解开，取下"尾巴"，才可以坐下来。曾铎的设计初衷是希望生活在快餐文化中的年轻人放慢生活的节奏和脚步。

除此之外，在"介面"，你可以买到面料飘逸的"天边一朵云"，也可以买到风格奔放、结构简单的"精神自我是迫切需要的理由"，还可以买到廓形夸张的"流动的建筑"，甚至有"PM2.5"供你选择……按照曾铎的说法，萝莉、御姐、辣妈、女汉子都能穿。

生活中，面对周遭的一切，曾铎同样敏感而充满想象力。她不用蚊香，觉得那是一种"生化武器"；她甚至觉得手机变成了人的新器官，从而要对抗人和一串数字的联系；她会对门口写着"本店不洗、不染、不吹、不烫，剪发6元，光头8元"的理发店感兴趣，花6块钱剪头发，觉得"纯粹、专业、有腔调"；她看到环卫工人身穿带有发光材料的蓝色制服，觉得那是可以挖掘的一种时尚元素；还有那些穿着皮靴、棉袄，戴着雷锋帽和蒸汽时代的眼镜，再扎根腰带的煤矿工人们……在曾铎看来，他们的搭配比很多人都有腔调。

目前，曾铎的居住状态是上海、杭州两头跑。在上海时埋头做设计、想策划、看面料、跑版房和加工厂，忙得不可开交；回杭州时变身宅女陪家人，或者约上艺术家朋友一起喝茶聊天、访师会友，又或者去上天竺一带聚会……"一边为梦想而忙碌拼搏，一边为生活而悠闲享受"，这是她认为最理想的生活状态。

风尚名片

曾杰 | 浙江昆剧团"万字辈"小生演员，北京奥运会开幕式演员

传承昆曲是我的幸运
创新表演是我的尝试

台上是风流蕴蓄的柳梦梅，台下是紧跟流行的时尚潮人。这个30多岁的英俊小伙喜欢泡星巴克，玩 Hip-hop、Rap，跳街舞，爱 K 歌，更多的时候，是在衬着丝绒幕布的舞台上，婉转低回地吟唱心爱的昆曲。一甩水袖，便回到数百年前的明月夜……

从"奥运小生"变回"跑龙套"

还记得 2008 年北京奥运开幕式文艺表演时，在"中华礼乐"篇章的巨幅画卷中，那个甩起水袖，随琴瑟之声，运清甜唱腔，展潇洒身姿，向全世界电视观众演绎具有六百多年悠久历史的中国昆曲温婉"小生"吗？

当年台上那位古典美男子正是浙江昆剧团的"万字辈"青年演员曾杰。这个不到 30 秒的表演镜头，对一个来自地方的知名度不高的年轻戏曲演员来说，荣誉感几乎可以贯穿一辈子。

然而，"鸟巢"之夜的辉煌以后，有着"戏痴"之称的曾杰谢绝了中央戏曲学院、北方昆曲剧院以及两家著名唱片公司的邀请，转而回归之前的生存状态。低调务实的个性，让他只想一心唱戏。于是，从北京到杭州，他又回到了原来的生活轨迹。褪去了"奥运小生"的光环，曾杰又成了浙江昆剧团排练厅最寻常的演员。

对于热爱的昆曲艺术，曾杰 20 年从未放弃过，即便若干年前的他曾经历过这样的境遇：可怜的上座率，稀稀落落的掌声，在舞台上唱念着精雅的戏文，演绎着繁复的身法，拿的酬劳只够吃一顿肯德基。

从那个在北京默默无闻、跑龙套的昆曲演员，到如今已是名角的"奥运小生"，曾杰如今在杭州的生活日渐繁忙，一边是浙江昆剧团的小生演员，一边是省艺校兼课老师，又兼顾着为一些电视节目做评委和艺术顾问，偶尔还会受邀去演出或排一些节目……"其实我还是个跑龙套的，"曾杰只希望以后过朴实的生活，"在我走下奥运舞台时，我的恩师、国家指定世界文化遗产继承人、昆曲大师汪世瑜只对我说了一句话：那不过就是一场演出！"对于曾杰的昆曲人生来讲，"有过一次亮点就够了"。

和昆曲一起慢慢时髦

折扇、锦衣长袍，此乃《牡丹亭》里柳梦梅之造型也；潮 TEE（T 恤）、窄脚裤，为演柳梦梅的曾杰的台下造型。但这两个人物有一个共同点：满身书卷气。"喜欢昆剧，真的喜欢。喜欢小生的俊扮、飘逸的行头、炽热的灯光和典雅的戏文。"曾杰不想把喜欢昆曲的理由解释得很高尚。

舞台上，"奥运小生"目光流盼，身着华服锦缎，美丽在举手投足间游走。舞台下，曾杰和其他年轻人一样喜欢听歌剧，喜欢去 KTV，爱看电影，爱泡书吧，对生活充满激情。甚至在很多年前，他曾在演艺吧当过歌手，20 元一首歌。还搞过街舞组合"Z2"，自己创作流行歌曲，录制个人单曲《游园惊梦》……这不免让人惊诧，他可以是古代凄美爱情故事的主角，徜徉在美妙古乐声中。一转眼，卸下浓妆、脱下练功服的曾杰，又是现实世界里的时尚追随者，喜欢各种音乐，家里有成堆的 CD；精通各种数码器材，对各种型号的摄像机、数码相机如数家珍；穿 H&M 的 T 恤和 JASONWOOD 的牛仔，偶尔晚上会约上三五知己去红酒吧品品红酒，或是去星巴克聊聊八卦。

做一个昆剧的传承者，不妨碍他成为一个享受生活的时尚人。正是如此，才让他胸有成竹地把昆剧和时尚结合得那么好。一直在古典与时尚之间徘徊的曾杰，却形容自己只是一个生活在 21 世纪、从事着古老艺术的年轻人而已。"我传承着一个伟大的艺术，这是我的幸运，也是我的命，但生活里，我和周遭的同龄人没什么两样。一代演员，需要有一代一起成长的观众，那这样的艺术才能够真正长青。"

"柳梦梅"谢幕唱 rap，博年轻观众好感

一个人够不够潮，光靠嘴皮子不牢靠，真正的潮得看他敢不敢创新。

一身优雅的白色昆曲戏服，枣红唇、丹凤眼，手里拿着麦克风，突然随着曲调一下子从悠扬的古韵变成动感流行的"中国风"，曾杰饰演的"柳梦梅"竟然唱起了 R&B、念起了 rap，而身体却依旧保持着昆曲的优雅姿态……"创新昆曲"的概念，曾杰在两年前昆曲《牡丹亭》的谢幕式上发挥得淋漓尽致。

昆曲舞台上，他唱小生，举手投足儒雅风流；流行歌坛上，他爱rap，帅气舞姿迷倒众生。他还与小提琴表演艺术家合作现代版昆曲，在课堂上用英语唱《西厢记》，虽然听上去怪里怪气的，不过很新鲜。

一边痴迷中国古老的昆曲艺术，又对街舞、rap 等前卫艺术在行，这样反差巨大的爱好让这个时尚的古老戏曲捍卫者的形象蒙上了一块神秘的面纱。"我觉得艺术与时尚的界限越来越模糊。昆曲虽然是一门古老的艺术形式，但不同的舞台设计和表演形式可以让身为文化遗产的昆曲年轻、前卫起来。"

"昆曲在今天的生存，是可以有多种状态的。我们需要一直喜爱昆曲的老观众，更需要对昆曲产生兴趣的新观众，当然也需要只是出于好奇和尝新，一辈子只看一次昆曲的过客观众。"曾杰有自己的态度，他希望将古老的昆曲年轻化、时尚化，让更多的年轻人走进这门古老的艺术。"站在今天人的立场来看，有'百戏之祖'称号的昆曲，可以算是活古董。但如果把时间倒退数百年，昆曲的热门绝对不会亚于现在任何一种音乐类型，当年虎丘万人空巷的场景恐怕是娱乐门类百花齐放的今天再难看到的。就拿昆曲里的镇山之宝——《牡丹亭》来说，在当时就能算青春偶像剧了，就跟韩剧似的，一下子能演55集。所以昆曲、街舞、rap 其实都是流行文化，只看你身处哪个年代而已。"

谈及未来，曾杰希望在国内甚至西方的许多二、三线城市创办昆曲艺术推广中心，让更多的普通人接触这门古老的艺术。"昆曲的美不仅仅属于舞台，它也可以走向生活，改变普通人的状态，也可以与时俱进地连接时尚。昆曲普及化，只是早晚的事情。"曾杰的第一站——老家舟山。

"画家一只，乐人半只"
身体里住着恐怖画家和愤青歌手

从北京到杭州，画画还是音乐？

一个是在美丽和谐的杭州画恐怖画的画家，用画笔和悲悯的情怀去描绘末世的恐惧与苍凉；一个是卷着头发唱"清波门"的 80 后民谣歌手，用吉他和干净清俗的嗓音，去呢喃内心的孤独与挣扎。当两个人栖身于同一个身体上，可能你会问"是不是人格分裂"，不分裂，这是杜昆。他努力把自己对绘画的专注传递到音乐的乐感上，又把对音乐的追求传递到笔下。

那究竟是画画还是做音乐呢？

还得先把他在四川的童年"挖"出来晒。杜昆爸爸的工作就是教小朋友画画，所以他很小时就没能逃过，练就了一身过硬的"童子功"。等到有意识的年龄才发现自己已经注定干这行了，虽然后来才发现最爱的还是音乐。

他的音乐之路是从杭州起步的。十多年前从老家四川到杭州的国美附中学画时，擅长吉他的杜昆就组了一支乐队，还取了个当时听来挺单纯的名字——"涂鸦"，不追求专业与技法，只是"瞎唱乱弹"。后来考取了中央美院，杜昆就在北京一边学画一边搞音乐创作，虽然音乐不如画画那样"科班"，但也玩出了点名堂：大学期间，他在那段地下室创作的青葱岁月里，不但以他的名字命名成立了乐队，还发行了专辑。

大学毕业，乐队解散。到底该一门心思画画还是继续玩音乐？天秤座的选择恐惧症曾一度让杜昆纠结了好几年。最后有一间日本画廊希望固定购买杜昆的画，同时女友又考上了中国美院的研究生，既能衣食无忧，又有梦想中的生活环境，于是，杜昆"画"了个圈，陪着女友回到了杭州，继续画画。

艺术"通灵"，随时切换

杜昆是个不安于寂寞的人，爱折腾，要是让他整天画画，他可受不了。出于对音乐的热爱，平时就弹弹琴、打打鼓，既满足了爱好，又当作健身，"有时候去酒吧给人伴奏，一个星期一次，调剂一下。两边换着走，我就觉得生活挺美好的"。杜昆一直把音乐当作与画画工作互补的调味剂来对待，想法也简单，好听就成，至于深度啊，内涵啊，就顺其自然吧，画画已经够让他费脑细胞了。

不过总体上讲，他的音乐多少被其画家身份的艺术触感所左右。创作时，音乐与绘画在杜昆身上是"通灵"的。所以，看杜昆的画作，就能大概猜出其音乐的表现角度；听他的音乐，就能构想出其相关联的画面。

杜昆平时一边画画一边听音乐，有时会挂着耳麦画画，一些灵感就啪啪地撞上他，"画画的人在听到一些声音的时候，脑子里都会转换成画面，可能是抽象的一些色调、符号"。

清波街上空的幽灵

杜昆的乐队，成员很复杂，有画家、老板，还有留学生，每位乐手都是热血青年。这支诞生于杭州的乐队有着清晰的本塘坐标，证据是那首在微博上被到处转发的《清波街上空的幽灵》，听名字就很"杭州"。

"六点半的清波街，稀稀拉拉雨滴，薄雾缠绕，模糊树梢，随风摇曳。七点半的清波街，慵懒街灯苏醒，点亮朦胧，忽隐忽现，窃窃私语……"这首歌算是杜昆自己内心的一张抽象自画像，歌词深邃抽象，没有直接表达什么意思，只是一些情绪，一些纠结的感受，串在一起表达自己一段时间的心情。不仅烙上了本塘的印记，还嵌入了浓浓的自传色彩。

三年前，杜昆从北京回到杭州时，就落脚在了清波街这条西湖边充满了老杭州烟火气的马路上。画画累了，他会踩着拖鞋沿着清波街散步到美院瞎转悠；而傍晚，他还会陪女友溜达到这条街上，寻找小吃。这条街已经给他的生活烙下了种种印记，所以他才会用那些印记串写出这些"东一句，西一句"的心情歌词。

下个月，口袋唱片将为杜昆推出一张以这首歌的名字命名的个人专辑（虽然这张专辑的网络版已经小火了一阵）。这是他毕业五年以来的创作结集，除了《清波街上空的幽灵》（这张是杜昆当下杭州生活的抽象自画像），还有古语填词的《钱塘忆》（这张是杜昆当年在滨江区念附中时的写实自画像）。因为这些曲子的创作时间跨度比较大，所以专辑"成分"较杂，风格不一，他形容为"乱七八糟的曲子草稿"，勉强划分为民谣，实际上它更 mix、摇滚、迷幻、拉丁、波萨诺瓦……每种都能在他的歌里找到一点气味。

他不太介意听者能否领悟其中的情感，"喜欢就经常听听，不喜欢就当成飞盘，抡圆了胳膊朝黄昏的落日扔去，在刺眼霞光中化作一道性感的抛物线……"

爱画恐怖画的 80 后"愤青"

《清波街上空的幽灵》这张唱片的封面是杜昆自己画的：满布的云霞幻化成一个个幽灵，有点密集恐惧，带了些"城市抑郁症"的特征，出自他的油画作《十四万四千》，这是他在"他的国"个人画展中的作品。

杜昆脑袋里会常常思考人和社会、宇宙及另外一个世界之间的事情，还有生命的意义等让人头疼的终极问题。《他的国》正是以世界末日为主题，燃烧的火焰、弥漫的浓烟、崩塌的建筑、损毁的汽车占据了大部分的画面。围绕着对生存环境恶化的关注，杜昆用一种全新的怪诞"语法"将这些灾难场面发挥到极致。另一个"灾难"是 2010 年夏天在三潴画廊举办的"被盗的世界"个人画展，这一次，他诠释了一个不得不面对的矛盾：是在末日得到救援，还是在末日等待永远的沉沦？

但"城市灾难"并不是杜昆唯一的视角，创作《论雷峰塔的燃烧》就是一个例证，"现在有这么多80后是愤青，鲁迅是有功劳的，他自己就是一个大愤青。我担心90后或者00后就没有愤青了，这件事好可怕"。于是，他的画布上出现了一只巨大的右手燃烧着，倒立于海面之上行走，像一座即将毁灭的塔，喷火的窗户里游离出一些人的灵魂，看起来挺吓人的。

事实上，这种"恐怖感"一直是杜昆最擅长表达的，他的作品看起来很超现实，无论是都市灾难系列，还是"灵魂"或者"不明物体"系列，大多都散发出毛骨悚然、极度静穆的恐怖。

然而，你以为杜昆自己不害怕吗？事实是，他说自己有密集恐惧症、恐血症、恐高症……但更"变态"的是他特别热衷于描绘自己害怕的东西，并且尽量把它们安排得有意思。"对于作品的最后效果，我自己觉得毛骨悚然就'欧'了"，但这种毛骨悚然的标准一直在变化，从常见的鬼啊、怪胎啊，慢慢变得更含蓄和"闷骚"。至于这种恐怖感从何而来，杜昆自己也说不清楚，"反正就不爱画喜庆阳光的"。

好"色"之徒

色是一种本色和真实

"五代拳手，四流诗人，三流画家，二流演员，一级流氓。痴迷于情色而一发不可收。"这是海龙微博上的自我简介。他曾经勇访街边夜店，企图索要按摩女的裸照；他的书架陈列里有三分之一以上的书是关于人体艺术的图册；他的很多作品都和女人的裸体有一点关系⋯⋯但别怕，他不是"色狼"，更不是"流氓"，只是一个尊敬女人身体的85后画家。

疑似嫖客？

"中国这么大，这么多美丽的大屁股，想起来我就兴奋。"说这话时，海龙目光炯炯，活像一个嫖客。

一个礼拜前，这个疑似"嫖客"的小伙子刚从南京领奖回来。在第三届新星星艺术节大奖的颁奖典礼上，艺术界前辈们对本年度"艺术场大奖"得主海龙的评价为："艺术界的吴莫愁！"

让海龙问鼎年度"艺术场大奖"的系列作品为《低速小说的零件》，其实就是许多个光着的女人屁股。说文雅点，是许多暴露在空气中的臀部。

肢体语言丰富，有的以各种姿势撅着屁股，有的懒散地闲坐着，真实而"不雅"的动作比比皆是。比如明明画的是褪到大腿处的丝袜，但很可能让观者以为那是内裤，进而想入非非……

海龙的作品，大胆而直白地探讨女孩儿的身体。至于他的创作方式，就像吴莫愁的演唱一样，另类、叛逆、破坏性强。在他的画里，女性优美流畅的曲线是永恒的主题，这种线条被他赋予了唯美的表现方式。曾有人评价他的画是用荷尔蒙调和颜料一起画就的，绝妙得很。

不过客观地说，海龙一直是位有争议的画家。无论是他那些充满"荷尔蒙"调料的作品本身，还是他那些"不雅"的光屁股作品。

"每一种新的方式，都必定是饱受争议的。艺术，就是要让大众欣赏和了解，不管他们看不看得起。"面对争议，海龙洒脱面对。他以为，这些"不雅"都是美，女性撅着屁股也是美，虽然这些暂时很难为社会所广泛接受，但他一直在打捞这种被正统过滤掉的美。

我不是性爱画家

海龙是个山东汉子，拥有高考专业落选、复读，第二年考中中国美术学院、中央美术学院的神奇经历。也有差点被禁止参加毕业展览和令许江院长竖起拇指大力称赞的年级毕业第一的傲人成绩。

但另一方面，海龙的作品争议也很大。虽然与几年前的作品相比，他的画更多了一些人文情怀，更宽阔悠远，但特属于他的"荷尔蒙元素"依然跃然眼前。

事实上，海龙在人体绘画方面的天赋，童年时便"显山露水"了。

他对于女性人体的第一次创作发生在小学三年级，他在绘画课上从老师的图册里挑选了一张意大利画家贝尔尼尼的人体画进行临摹。当时只是出于好奇，完全没想过这可以成为一种职业。而海龙真正意义上对于女性人体的"探索"，则发生在大学二年级的人体课，别人都按照老师的要求画完整的人体，他却别出心裁地拿出两个画框把模特的腰部到臀部以及胸部两个部位框起来，画下了两个局部。几年后，他才意外发现这种方式和18世纪法国伟大画家库尔贝的作品《世界的起源》有些相似。

这次"探索性"创作，令他彻底开了窍，也开始真正着迷于画女人的身体。

可是画谁呢？美院象山校区在转塘街道，镇上有不少休闲店，到了晚上花枝招展的年轻女孩随处可见。于是他决定自己去探访，要"为艺术奋不顾身"。

为了创作，他连续"卧底"好几次，还拉着搞影像的"同党"一起前往。每次都忐忑不安、心跳加速，冷汗涟涟地问："能拍张屁股或胸部给我吗？"但动机单纯，索要几张创作需要的素材，然后回来画画。索要局部裸照的行为大多以失败而告终，甚至还一度被当作"流氓""色狼"被轰赶。后来，海龙才发现法国画坛奇才劳特雷克，笔下也有许多舞女。事实证明，艺术家的思路和做法难免会有些相似，但如有雷同，纯属巧合。

当然，他也会向周围的朋友、同学"下手"，有时见到熟络的女生，会问上一句："能给我做人体模特吗？"被拒绝是家常便饭，当然也有愿意为艺术献身的，有一些还大方地同意让海龙放到了展览里。

不是每一张画都叫春宫图

"我承认，我好色，对赏心悦目的物体，我创作时候颇有感觉。我觉得这没什么可耻的。"海龙否认"色"代表"色情"或"情色"，而是一种本色、一种真实。像无数男青年一样，女性人体对他有种说不出的神秘和吸引力。

事实上，海龙可不是只会画光屁股的女人，他笔下更多的主角，其实包裹得都很严实。他是这样想的，"不是每个人都有资格裸体的，尽管上帝给了我们一样的原材料，但如果后天不加善待，很多人的肉和骨头，其实还是包裹住为好"。

最初一系列关于女人身体的展览叫"女人与点"，是女性人体与色彩欢乐的大面积波点的巧妙组合，其中有正在脱衣服的，有露出一半胸部正在照镜子的……海龙在创作这组系列时不断地观察，把身体局部不停地放大缩小，置换人物情景，渐渐有了新的认识。

而真正开始上轨道的一次创作是关于女人身体局部的系列，而这个主题中，他尤其热爱表现女人的屁股。那些臀部有穿丁字裤的，有掀开裙子或脱掉裤子的，有纵的，有横的……它们分明是有生命的，背对着我们，在无言地诉说着。

这组创作令海龙的"屁股情节"愈加深刻。这些"屁股"是他情感的表现，也是他思想的表现。前几年坊间流传着一句话，叫屁股决定思想，这话有一定的哲理。你坐在哪里，就会做出有利于这里的决定。现在你明白了，那臀部不只是臀部，还是教你思辨真理的"教具"，你如果不从根子上考虑问题，就只能人云亦云。

大自然里的"野丫头"
漫画里的"小猪仔"

中国"绘本小天后"

很多很多年前，在一个肉类匮乏的偏僻小岛上，有一个又白又胖的小女孩，妈妈给她洗澡时，要拨开手臂上的肉节才能洗干净胳膊。据说当初为她接生的医生惊讶："20年来，这孩子是我见过最胖的！"于是乎，这个小女孩得名于当地的一道名菜——"冬瓜猪"。幸亏好心的邻居们"喂养"，猪仔才能得以一直白胖地快乐成长……后来，她长大了，变瘦了，把自己的童年画进漫画了，再回到故乡，当初喂养她的邻居们轮流请她吃饭，拼命给她碗里夹菜，嘴里还在抱怨：本来我们把你喂养得那么好，怎么现在这么瘦？大城市的饭菜不好吃吗？……

这个当年又白又胖的猪仔，就是数年后被誉为国内"绘本小天后"的美女漫画家猪乐桃。

时光穿梭到很多年后的杭州，一个晴热的下午，猪乐桃坐在西湖新天地的咖啡吧里，穿着很搭杭州调子的白色棉布裙，挎着自己设计的牛仔包。

她说话很慢、很轻柔，黑漆漆的眸子，清澈和简约得有点儿意外。她曾获得五座金龙奖、一座中国漫画奖、一座美猴奖，是漫画界盛传的国内"绘本小天后"、"中国漫画四大天王"、第三届金龙奖亲善大使，还做客过《鲁豫有约》，甚至得到国家领导人的亲切接见，并代表中国漫画家出访日本，与金庸、王朔、郭敬明等一起被日本《朝日新闻》评选为"时代的旗手——影响中国的 100 人"……一切的热闹跟她天真的眼神和清秀平静的外表没有必然联系。懒洋洋的夕阳丢了一抹光在她脸上，咖啡的热气那端，透着她的安静和懒散，不露声色控制着全场。

来自西双版纳的"猪仔"

猪乐桃是哪里人？

祖籍绍兴，在上海出生，在云南长大，在扬州、上海、北京读书，现在会住在杭州郊区的大山里、西双版纳的雨林中和北京的四环外……总结一下，她是个属于大自然的"野丫头"！

碧蓝碧蓝的天空，大团大团的白云，亚热带雨林的动植物……猪乐桃的作品中为什么会有那么多的地中海景物和可爱动物呢？这大概要追溯到猪仔童年的生长环境上去了。"野丫头"一直把自己被自由"放养"长大的地方西双版纳作为自己的精神故乡。

小时候，猪乐桃在西双版纳的家，就在全亚洲最大的亚热带植物园里，隔壁邻居家养着一头熊，但她却一点也不怕。她童年拥有最多的是漫山遍野的大树、野花和手底下百十来号的大小动物，她四处跑，和大自然和谐相处,玩得上蹿下跳、不亦乐乎。这个腼腆的漫画家说,"我从小就热爱大自然,喜欢动物,做梦也经常梦到这些,画出来的更是出于本能,出于喜欢"。她说她宁愿做一朵山百合,野生地长在岩缝里,在山间肆意地开放。

但是,由于父母工作调动的原因,从小到大,从云南到北京,猪仔不知经历了多少离别,每当在新地方结交了新朋友,过不了多久,便会分离,而大部分的分离后来便成了永别。离别对那时的她来说代表着伤感、割舍、眼泪与痛。山间盛放的"野百合"变"蔫"了,她不愿意再结交新朋友,免得别离时伤心。于是,漫画成了她唯一的好朋友,那是她和世界沟通的途径,也是她表达自己的方式。她看《丁丁历险记》、看《樱桃小丸子》,孤独的时候,不快乐的时候,她会拿起画笔,进入属于自己的幻想世界,把自己浸染在漫画的海洋里。她画着一些天真的角色,美丽的大自然景象;她保持着孩童般的心怀,没有因为算计而苍老。如果用一句话来描述自己,她的答案是——一个幸福的漫画家。

被"放养"长大,崇尚 DIY 生活

因为猪乐桃的父母崇尚"放养"式自由成长的"狮子教育"方式,猪仔 12 岁便成了要养活自己的打工仔,发过传单、做过儿童群众演员、当过父亲的文秘。

猪仔在 16 岁时正式独立,进入社会。从事过服装售货员、化妆品模特、瑜伽教练等工作,晃悠两年后,她终于找到了自己真正热爱的事情,进入漫画工作室做助手,并成为著名漫画家姚非拉的学生。此后,她经历了编

辑部拖欠稿费导致一个月只剩 10 元生活费的漫画市场不景气时期，到如今慢慢红火的动漫市场，她挨过饿，吃过苦，"日子混不下去"时重返校园念大学，但始终没有间断过对绘画的追求。直到 6 年前来杭州参加首届中国国际动漫节，她的生活出现了质的飞跃，她的梦更趋圆满。

由于少年时代的猪仔要自己赚取生活费，她常常会像所有穷人家的小孩一样，用圆珠笔给自己的手腕上画个手表；由于没钱买太多的新衣服穿，她常常把爸爸不要的衬衫改成百褶裙，把妈妈不穿的裙子改成吊带少女裙。这也使得如今的猪仔喜欢自己设计衣服和身边的东西，包括出门时手上拎的袋子、看书的封套、身上穿的连衣裙，甚至家里的沙发，她都喜欢用布 DIY，而且再画上自己漫画里的猪仔形象，超有特色，不怕和别人重复。她还把漫画故事中的宠物小猪，制作成两款猪的抱枕玩具，没想到竟然比漫画人物本身还受欢迎。

猪乐桃最乐意做的事是宅在家里淘宝，她的这一嗜好大概与网购这一生活方式一起诞生，小到为自己房子装修时用的螺丝、门把手、油漆，大到电视、空调、扫描仪、打印机，还有衣服、鞋子等服饰，以及洗发水、牙膏等生活用品……

设计、瑜伽、摄影、太极是爱好，旅行是好作品的前提

生活中的猪仔，爱好相当广泛。她擅长设计，北京林业大学环境设计专业毕业的她，曾为杭州白马湖小区设计了两套别墅；她喜欢练瑜伽，曾经在北京颇有名气的瑜伽机构任瑜伽教练；她热爱摄影，当初在三亚拍摄

的一系列风景照，曾被一本专业摄影杂志刊登；她喜欢太极，在不赶稿的日子里，她每周至少有三个早晨会驱车 45 分钟到吴山广场推拳，从早上 7 点到上午 10 点，边练习边与拳友交流……她的理想状态是，创作和生活应该是对等的，她要去画自己真心感受到的事物。

所有的爱好中，旅行对她来说非常重要。外表娇美的猪仔，其实相当富有冒险精神，她很早以前就有独自旅行的习惯，如今，猪仔已走过不少国家和地区，近到东南亚，远及欧洲和地中海。给她许多体验的是位于地中海的科西嘉小岛，她在岛上住了 8 天，那里的峭壁悬崖、热带植物，都留在了猪仔美好的记忆里……如今，住在杭州野生动物园旁"颐景山庄"的猪乐桃，除了每年要回到西双版纳植物园中的老房子过冬，偶尔也会去北京四环以外的家里住几天。她还给自己每年定下一个旅行计划，时间是一个月，她的下一个目的地是西藏。

愿在动漫之都慢慢成长

心若蒲草韧如丝的人气漫画家

绘画为她的人生开启了一扇窗，她画本真的生活，用艺术传递着生命的诗意与美感。

人生如画　不必耀眼　只需感动

她的设计灵感源于她的精神世界和情感生活。"因为有爱，所以会有旺盛的创作力"，她是个懂得感恩的人，感激父母对自己童年创造力的培养，一再称自己十分幸运，成长在湖光山色、诗情画意的杭州。中学时代就发表作品，一直以来，得到了出版商和漫友们的眷顾，更得到了家乡人民的支持。

我有"镜头恐惧感"

采访的时间是下午，窗外车流如水，而江南会里却静得出奇。茶座里嵌着清瘦的身影，脂黛未施，却有娴熟地活于自然的风度。眼前的夏达，年轻、瘦、身材娇小、眉目如画。雾蒙蒙的眸子里，神情始终淡淡。如同水墨画里走出的女子，叫人想起其家乡怀化的水汽氤氲。

这个坐在那里、宁静得如同湖水的女人，自有不可名状的魅力，让你忘记她身上的那些光环：中国美少女漫画家，曾获素有"国内动漫第一奖"美誉的"金龙奖"金奖等多个国内顶级漫画奖项。她的长篇漫画与日本顶级漫画大师同刊连载于日本顶级漫画杂志"Ultra Jump"。

靓丽的外形，清新的画风，亲和的笑容，夏达不仅是漫迷们青睐的宠儿，也成为众媒体追逐的焦点。每次露面，媒体都不忘提到她的美丽。外形靓丽的夏达，则为了避免外界模糊作品焦点，始终不愿曝光。她不希望外界看重她的外形，搞不清楚她到底画了哪些作品。她说自己害怕面对镜头，"陌生的镜头会令我感到恐惧，而同陌生的人交谈会让我浑身紧张，思绪不清"。

静水流深，经历了 7 年的摔打，夏达不再只是清浅甘甜的溪流，而能做到更加淡定和波澜不惊。外界的掌声对 80 后的夏达来说似乎并不重要，相比各种荣誉，她更在乎生活本身以及自己的内在世界。也只有她自己知道，当有人把"中国最萌漫画家"的称号封到她的头上，把"美女"的形容加到她的身上，她内心的挣扎和痛苦。美是一把双刃剑，增加了成功信任指数的同时，也为她带来了苦恼。她再一次用近乎央求的语气说，"请大家关注作品本身吧，每一笔每一画我都认真用心……我对它们没有歉疚"。此时，你分明能从她的眼神中看到孩子的天真、艺术家的热忱。

心若蒲草韧如丝

艺术、精致、古典、优雅，这些词藻常常伴随她左右。

画的是西方漫画，但夏达最喜欢的始终是中国的传统文化，她的画风细腻脱俗，既有着浓郁的古典风格，又浸透着对中国社会情感和道德准则的人文关怀，对中国古文化诗词的掌握也颇有独到之处。

她最早的画集是从古代诗词开始的，《牡丹亭》《西厢记》《诗经》等都曾经是她的灵感来源。这个与西湖相伴的姑娘，兼有山之清峻、水之灵秀，外形内蕴都恰如其分地演绎着独特的中国古典式美丽——温婉隐忍的"水"和坦诚率性的"真"。

在夏达的成长过程中，她最大的收获是艺术和文学方面的熏陶。祖父是以写作为生的人，母亲从事的是古字画的鉴定和修复工作，从小处在文学艺术氛围中的夏达，四岁就能背诗。

唐诗宋词、古字绘画，这些对她生活的影响在长大以后更加突显，"心灵漫画最重要的就是洗涤都市生活带来的浮躁和世俗，我以清新自然的画风见长，而这些技巧和体验都能在中国古文化中找到"。中国古诗词教会她每一笔每一画都需用心体味，画漫画则是她用体会记录世界的方式，"中国的古典文化实在太美，通过漫画的轻松方式让更多的年轻人接触它们，多好"。

从夏达本人的照片上看，她就像不食人间烟火的女子，其实她也是平常人家的女儿，只是生活不喜繁冗，那颗艺术的心给了她与生俱来对美丽的直觉。用艺术的眼光看事物，一切都显得与众不同了。也经常有人用"柔弱"来形容夏达，但她仿佛一棵小草，柔弱却生生不灭。在漫画界里昂首阔步的女子，心若蒲草韧如丝，柔弱只是她选择的方式，也是她的武器。

夏达的助理告诉我，就在我们采访的前一天，夏达，为了赶稿，熬了三天三夜。"这不是偶然，是必然！漫画家每个月都会有这样的生活状态。"像呼吸需要氧气一样，画画是夏达生活的必需。

在夏达看来，漫画家就该过这样"教条"式的生活：不受任何限制，也不在别人的思想中生活，更不让其他人的意见盖过自己内心的声音。"要遵循自己内心的声音，该做什么就是什么，要有自己的时间和空间。若左右而言他又或是东一榔头西一棒，终究会迷失了自己。"以艺术的"教条"来生活是她真正的精髓所在，这是她的"教条"，他人请绕道而行。

夏达的朋友们笑称她作"大叔"，说她的生活状态就像个老年人，夏达承认，她灵魂的一部分是老人，"我的骨子里就是个六十多岁的大叔"。多年来，夏达的"宅生活"与"80 后"的女生格格不入。没有 K 歌泡吧、逛街购物，N 天不出门是常态，头发自己剪，连块橡皮都是在淘宝上买的。而童年是在老年干部中心度过的她，与老年人格外谈得来，除了看书和画画，就是与老年朋友们谈论"老庄"。

这个"六十多岁的大叔"热爱漂亮姑娘，对于身边的漂亮女生，她会产生一种怜惜感，带着保护她们的欲望。夏达刚刚创作了一部送给女孩的绘本《哥斯拉不说话》，作品中凝缩了她自己少女时代的成长经历，和女孩之间的特有情愫，"比如看到男生会害羞，课间会手牵手去厕所"，书中还附着一封夏达的长信《写给十四岁的我自己》，以自己现在的身份告诉十四岁的少女们如何成长，"我期待着自己 70 岁时收到一封写给现在的自己的信"。对于未来，夏达说从来没有刻意设想过，只是希望漫画能成为她在这个世界上留下自我人生轨迹的方式，"每个故事都是一个世界，我未来的计划也只有创作"。她用斩钉截铁的语气说完这段话，她就是这样，坚定自己所认为的事，温软如玉，却比玉石多了一份力量，或许用琥珀形容她更妙——历练风雨后惊艳天地的宝藏！

真水无香，安于低调含蓄
通过漫画重现古典文化

对中国古代服饰颇有研究的夏达，在作品中对于漫画人物的服饰进行了天马行空的"混搭"：比如汉代晚期的"云肩"与纯汉服结合；宋朝妇女穿的"褙子"被她夸张地加长至拖地，甚至把唐代的高腰"襦裙"围在了汉代的长袍上……"我目前的作品尚无某个具体年代，所以我在服饰绘法上模糊了时间和空间的界限"，最爱魏晋年代的服饰，清雅的长袍大衫，既夸张又漂亮，"但同时也因为它的夸张，汉服的元素至今尚未被运用于当代的时装上，或许未来，我会考虑设计服装"。

生活中的夏达，同样喜欢把 20 世纪三四十年代中国少女风格的衣服和新衣服混在一起穿，她觉得"有一点岁月沉淀的感觉是最美的"，那些衣服可以让她感受到那个年代的历史文化，而她淡然如菊又充满书卷气的复古气质和玲珑姣好的身形，的确最适合这些沉寂了数载的时装，低调却含蓄。"每天穿得太隆重，反倒一副煞有介事的样子。也许现在的自己，已经不需要靠衣服来衬托任何东西。"她不管外界流行什么，始终坚持自己的选择，相信平底鞋更适合人体，因为这样会更"脚踏实地"。真源无味，真水无香。真正自信的人，安于低调含蓄，不必造作显摆。

风尚名片

刘福洋 | 浙江歌舞剧院舞蹈团团长，国家一级舞蹈演员，一级导演，浙江音乐学院硕士生导师，浙江歌舞剧院总助。江湖名号："中国舞剧王子"、中国民族舞"天王"

雄性十足　灵性十足

采访刘福洋那一年他 26 岁，当时他刚刚代表浙江歌舞剧院，为浙江摘得中国舞蹈界最高奖——素有舞蹈界"奥斯卡"美誉的"荷花奖"。这个奖，浙江等了 15 年！

这个东北小伙儿是"文华奖"最年轻的男舞蹈演员；是著名舞剧《李叔同》中主人公李叔同的饰演者，被誉为"中国舞剧王子"；也是《快乐大本营》里超帅的"中国民族舞天王"，被媒体誉为中国民族舞界最帅气的男演员；还是《天天向上》节目中的"风云学长"，是代表中央民族大学的"舞蹈花美男"。他的表演气势如虹，他的舞蹈旋转技巧在国内可谓唯一，站在舞台中间可以单脚旋转 20 圈以上，令人缭乱心惊。

14 岁即进入中央民族大学，刘福洋在舞台上交出了一份超级闪耀的履历表：韩国舞界最高奖、第十一届"碧史"国际舞蹈比赛表演金奖；第十一届"文华奖"文华表演奖；第七届中国艺术节观众最受欢迎演员奖；第五届"荷花奖"舞蹈比赛表演金奖。

如今，他名片上的头衔是：国家一级演员、一级导演，青年舞蹈家，浙江歌舞剧院舞蹈团团长。

舞团要想强，男孩必须强

出身舞蹈艺术之家的刘福洋，从小耳濡目染，不仅极具天赋，而且爱跳舞爱到"疯狂"，即便坐卧行走，都在扭摆跳跃着，也因而被老师同学们戏称"舞痴"。

中央民族大学民族舞专业毕业后，中国舞蹈艺术的高地——东方歌舞团向刘福洋发出了英雄帖，他却南下杭州，出任浙歌舞蹈团团长，开拓他舞蹈生命的新空间。

自从刘福洋加盟浙歌，很多对舞蹈有梦想的年轻人追随而来。在他的带领下，新组建的舞蹈团有六七十位青春少年，和他一起追逐舞蹈艺术的理想。在当下这个浮躁的时代，让一群年轻人听你的话，与你一起奋斗，一起追逐梦想，不是一件容易的事情。而处处以身作则、以诚相待的刘福洋，用共同的追求把他们团结在自己周围。如今在舞蹈团招生时，他列出的首要条件就是"热爱舞蹈，把舞蹈当作生命"，"只要热爱，不管演员自身条件有多差，我都有信心把他/她练好，如果是想混日子，条件再好也不要"。

他招收的条件中还有一点——"男女不平等"，刘福洋希望招收更多出色的男舞者，他会更注重培养些男孩子。"一个舞蹈团如果想强，男孩必须强！"刘福洋把舞蹈看作属"阴"的职业，在他看来，但凡属"阴"的行业中，强者一定是男性。"你看化妆师、设计师、厨师之类的以女性为主导的行业，往往出色的都是男性。男女两性的阳刚之美与阴柔之美是互补的，人们在异性身上看到的正是自己身上所没有的美。所以通常舞蹈演员中最性感的还是男演员，健壮、有爆发力、像火一样充满青春朝气，加上紧身的长裤，把整个人体衬托得雄性十足，灵气十足，充满了强烈的吸引力与魅力。"

别迷恋哥，哥只是个传说！

高大、年轻、帅气，以及精湛的舞艺，这位85后的年轻小伙，一度被外界评为"中国舞界十大美男"之一。刘福洋不仅是国内最受舞迷欢迎的男演员之一，在韩国也有相当的人气，曾被韩国舞蹈界称为"天才少年"。

由于外表清秀可爱，刘福洋深受女舞迷喜爱。其女粉丝团之强大，从18岁到50多岁，通杀！迷恋到何等程度？就拿他在韩国表演期间来说，每场演出结束后，挤在后台找他签名的大多是中老年女性，甚至有人送来亲手为他制作的点心；再比如他去台湾地区演出时，结缘了一位阿姨，阿姨时常飞来上海或杭州看他演出。他的中老年粉丝们，尤其热爱看他表演的舞剧，可惜总要时隔数月才能看到他一部新作品，可谓望眼欲穿。大家喜欢舞台上他霸气却不霸道，喜欢舞台下他孩子般的脑腆和极致的温柔。

成功，荣誉，人气，传闻……刘福洋统统不愿多提，要提也是大刺刺地自嘲："除了跳舞，我什么都不会！"在艺术上自信高调的刘福洋，在生活中却低调而沉稳。

总之，说起这些过往，刘福洋一点不留恋，就差说出：别迷恋哥，哥只是个传说！

想演"男二号"，为"抢戏"和"省力"

"正在为浙江省音舞节排演《女娲》和《王羲之》这两部全新的舞剧，准备推出个人专场舞会"，这是刘福洋为自己设定的近期目标。"创造属于自己的风格，带自己的舞团全国巡演"，这是刘福洋给自己舞蹈人生设定的下一站目标。

回忆起自己年少时的艺术理想，刘福洋说是去做一名舞蹈首席。他解释："在国际上，舞蹈首席就是领衔，是明星，可以在全世界流动。哪个地方有戏排了，就被请过去当主演。"如今，身为浙江歌舞剧院舞蹈团团长，他觉得这个职位比首席更重要，"首席只在自己的团里做到第一就行，而团长要把握整个团队的大局"。

每个演员都渴望演主角，而刘福洋如今的愿望偏偏是想在舞剧中饰演"男二号"或者反派人物，原因很简单：一是不用太累，二是可以"抢戏"，这对他来说是一种挑战。

身为中国最新锐的男舞者之一，刘福洋的梦想似乎不只跳舞"30 岁的时候当金马影帝，感谢的人的名单要念三天三夜"，这是他写在博客上的话，半是调侃，半是认真，骨子里有着难掩的自信与轻狂。如今问起，他轻轻一笑："年少时的一句玩笑而已，谁不想成为伟大的舞蹈家呢？"舞蹈、理想，这是刘福洋追求的不变元素！

第三章

风尚
设计

风尚名片

吴海燕 | 著名服装设计师，中国美术学院设计艺术学院院长、教授、博士生导师，中国服装设计师协会副主席，中国美术家协会服装设计艺术委员会副主席

用国货、逛淘宝、做有西湖"水"味儿的设计

曾经，在中国服装设计师圈里，流行着"北王(王新元)南张(张肇达)中吴"的说法，其中的"吴"，就是吴海燕。

然而，生活中，这位在国际舞台上与世界级大师直接竞技的中国服装设计大腕，却从不恃才傲物。她亲切而率真，温婉地，灵性地，表达脑海里的一切美好，影响着任何愿意去感受美的人。她热爱生活，以丰富的情感和一颗平常心过着最平凡的"小日子"；她经常骄傲地说，先生夸她是个"省钱的太太"，同事则评价"老吴这女子蛮好养的"。

传统的设计源于乡土的孕育

吴海燕在杭州的成长轨迹，俨然是绕着西子湖畔画了一个圈：她出生在解百旁边的小巷见仁里（现国货路），童年在西湖北山路旁的北山幼儿园度过，小学就读于南山二小，中学念的是位于西湖东面邮电路上的杭州十一中，大学在长满法国胡桐树的南山路中国美术学院就读。

她说西湖的娟秀山水、诗情画意、琴棋书画、人文墨客、市井民意、厚重历史，都赋予了她太多的灵感，"一辈子都创作不完"。所以，她十多年前就在西湖西冷桥上作秀。那时西湖周边夜晚黑黑的、马路人烟稀少、不繁华也不时尚，那一场《东方丝国》时装秀，让西湖亮了起来，也拉开了杭州的时尚序幕。

随后，她又把自己的"WHY"流行趋势工作室设在距离西湖不远处的定安路上，里面摆放着各种各样有着东方神韵的作品，比如旗袍、家居用品、小摆设、背包等，很多灵感都来自西湖的水、鸟、树……

她还把现在的家安在西湖边上的老房子里。西湖积出来潭碧色的水，困在她家前头的小湾里，似乎能看到清白的月影。每天晨起或晚间她会在西湖边快走，仿佛可以闻到湖水的香气；晚饭后她会去南山路散步，从西湖新天地一直走到柳浪闻莺，清凉和安静填满了内心；而最让她迷恋的，是带着一丝寒意的早春时节，一个人在西湖边溜达，看着每天西湖边的杨柳抽出一片片嫩芽，一点一点，愉悦在成长的声音里……

最眷恋西湖的"水"味儿

"南山路、湖滨都是我从小玩大的地方。"吴海燕永远感恩在西湖边的年少岁月，她忘不了童年时因为喜欢到解百的糖果柜台前捡棒儿糖的糖纸拿回家里贴窗花，而被柜员们亲切地唤作"垃圾千金"；她始终记得小时候每天守在一公园的七路公交车终点站，向售票员索要彩色票根，然后拿回家里搭积木玩的激动心情；最让她怀念的是外婆在秋天里晒被子的味道，外婆告诉她秋天晒的被子会特别香，因为这个季节的杭州湿气都躲了起来，所以棉花的根都被晒透了……

如今，光环下、忙碌中的海燕从未停止过对养育她的这片土地的眷恋，短暂离开杭州的日子，她说自己最惦记西湖特有的那股"水"味儿。她甚至真切地记得西湖里细细生长的草木的味道、土地的气息、树的表情、湖水中映出的阳光色彩。

那些熟悉的、亲切的记忆，是根植在每个杭州人骨子里的情结，就像是吴海燕所说的血液中的文化，也是中国传统文化，"它是根植在每个人的骨子里的"。

所以，当别的人家搬进排屋、住进高楼的时候，她还是喜欢老房子，"虽然是老房子，但很朴质，就像做中国文化，就应该是做一些本质的东西"。吴海燕眼里的设计，就应该是把这些中国文化活化于当下生活。而她的个人品牌"东方国"里，安放着一个设计师既传统又现代的灵魂，她正悄然地带着它们深情款款地从西子湖畔走向世界。

时尚需要在传统文化中汲取养分

长久以来，吴海燕一直在探索传统文化与现代设计之间的关系。

她认为，如何在传统文化中为时尚汲取营养，以及如何推动学院相关学科在传承与创新中走向一流，是中国服装学者应该思考的问题。

在吴海燕看来，设计是一种文化，传统文化是时尚发展的重要给养，现代设计是传统文化的延续和传承，传统艺术设计所反映出来的艺术形态及传统精神，在现代设计中具有旺盛的生命力。从时代的维度去看待设计，从未来的高度去认识传统，展示、传播民族文化，最终实现文化的张力与价值。设计要兼容传统和现代、民族与世界，古为今用、东西交融。我们希望通过这样的会议，唤起现代艺术设计工作者传播传统文化的热忱和自觉，从而使得艺术设计在观照时代、观照传统、创新发展的过程中，满足当今社会多样化、个性化的需求，体现当代艺术作品的艺术价值和社会责任。

身为一名肩负传承传统文化的当代服装学者，吴海燕觉得学校该在传承与创新中创建一流学科，服装专业突出的行业特色大学因行业而发端，所以既应不断传承行业文化中的积极因素，又应借鉴吸收不同行业乃至不同国度的文化成果，着力打造承载行业传统、彰显时代精神、体现中国特色、契合大学发展要求的优秀大学文化。

"作为新时期的当代大学，担负起优秀传统文化传承、创新的责任，发挥文化创造、文化辐射、文化引领作用，服务于中华民族的伟大复兴，是必要的社会担当。"

恢宏的作品背后是最平凡的"小日子"

相比作品中的恢宏、大气，以及东方情调中传递出的那种大家风范，吴海燕在杭州的生活，简单而美好，一副温婉而率真的"小家碧玉"做派。

她有一个幸福家庭。富有责任感的丈夫和懂得感恩的儿子，所带给她的支持与鼓励，帮助她时刻提升自己。她也是一个"上得厅堂，下得厨房"的"优秀好主妇"范本，喜欢到农贸市场买菜，做得一手喷香可口的好菜，最拿手的是地道的杭州卤鸭、腌笃鲜、老底子味道的猪肉蛋饺、肉饼蒸蛋……外婆传授给她不少烧菜秘诀，比如"肉饼蒸蛋一定要用两个鸡蛋、两个鸭蛋才能烧出最棒的口感"。虽然擅长烹饪、热爱美食，但她却对日常饮食从不挑剔，工作时肚子饿了，会去工作室楼下小吃店买东西吃。她还经常骄傲地炫耀说，先生夸她是个"省钱的太太"，同事对她的评价是"老吴这女子蛮好养的"。

家庭生活之外的吴海燕，最大的乐趣是出去看看外面的世界。平时只要一有时间，就会去杭州周边的临安、安吉等地的山村去寻找民意。这些年，她也跑了不少江浙一带的古村落，寻找民间工艺和风土人文的同时，还惊喜地感悟到"每个地方都有属于它自己的风流、水流、气流"。水流和气流造就了这个地方特有的地资源和衣食住行生活方式，而风流则是一种可以传播，甚至远扬世界的人文精神，"一个故事、一首诗、一幅画、一段音乐、一个舞蹈、一个图案……这些杭州的'风流'，形成了人文西湖"。而吴海燕目前的任务，就是把它传播出去。

所以她一边摸着中国的传统文化，一边关注着国际趋势。她走过很多国家，非常乐意将时间分割在欧洲的一些乡村小镇里。最迷恋的是德国公路旁的村落，她还曾经应德国汉堡市政府部门邀请，举办过"中国时装时代"专场，也带着作品参加过德累斯顿国家博物馆的静态展。她喜欢有历史、有沉淀的东西，她的民族情结起源于30年前的那一次"敦煌朝圣"。

"大牌"设计师的生活中没有"大牌济济"

在时尚圈，"吴海燕"这个名字早已成为一个"大牌"，但这个女人的生活，远没有我们想象中那么华丽缤纷、"大牌济济"。

她的化妆台上永远摆放着超市里买的旁氏护肤品、美加净护手霜以及百雀羚。一用就是十多年，而皮肤看上去始终光滑透亮。她也曾用过一些国际大牌护肤品，但屡屡过敏的经验告诉她，还是朴质点的产品比较好。"其实不同地域的成长环境令每个人都拥有不同的基因。最适合自己的东西，往往是充分利用当地'资源'的品牌。"所以，骨子里非常传统、对中国文化绝对忠诚的吴海燕，是个纯粹的国货支持者，她觉得很多不错的国产品牌拥有一种非常接"地气儿"的 DNA。她建议身边的杭州女人应该多一点对自己的判断、对美学的判断——着装的判断、生活价值的判断。

对于穿着，她也从不迷恋大牌，有时候干脆把衣服上的 LOGO 剪掉。她觉得不管什么品牌，只要穿在自己身上，便拥有了自己的 DNA，反映了自己的内心，而不是只穿了一个品牌。"只要适合，哪怕是几十块钱的，我也会穿。"她衣橱中唯一的奢侈品是许多年前购于巴黎的一条 KENZO 的裙子，买来主要是为了解它的花纹工艺。吴海燕非常清楚什么样的东西适合自己。在她的衣橱里，通常是黑、白、灰这些永恒的色彩，以及一些最简单的基本款。或许偶尔也会买几件流行款式或色彩艳丽的衣服，但出镜率非常低。这位研究流行趋势的设计师，从不追求流行，在她眼里，

"流行的东西太短暂"。

相比流行，她只尊重自己的穿衣风格，喜欢玩结构，偏爱廓形独特、有层次、不对称的设计，喜欢棉、麻的面料。有时候手痒，也会为自己改衣服，比如在过时的衬衫上，加上线条流动的木耳边，或者将一条简单的连衣裙，剪出不对称的裙摆。

除了改衣服，这个年过五旬的女人，还会像个小女生一样淘货。她以淘到物美价廉的东西为荣，还经常向身边的朋友传授自己讨价还价的功夫，"淘，是一个发现美的过程"。除了网购，杭州的河坊街、丝绸市场、中山中路上一些年轻设计师开的创意小店，也是她淘货的好去处。她经常会从一大堆看似无奇的物品中，淘到非常漂亮的丝绸、旗袍、灯笼裤，或是民族色彩的手工饰品，然后用这些传统的东西点缀时髦的衣服，营造出一种独特的美感。

就好像她当下正在做的事情：一边研究时尚，一边挖掘传统，更重要的是把中国文化传播出去！

破茧成蝶的时尚女王

经历 20 载的阳光雨露，如今的"时尚女王"应翠剑，俨然已经拥有了这座城市的风骨。而由她一手创建的"COCOON"和她带领的"秋水伊人"，也撑起了杭州女装的半壁江山。

蚕茧，一场华丽蜕变

酷并温婉着，是应翠剑给人的印象。

这也是她最想通过服装语言传递出的一个信念："杭州女人娇娇柔柔，水一样，却有着最坚强的内核、最纯真的心。"就好像她的 COCOON，仿如一位周末午后在西湖边邂逅的美丽女子，它在杭州出生，却拥有游历世界的国际化视野，不断地修炼自己。

这些年，COCOON 经历了从妩媚而可爱到优雅而大气的时尚蜕变，它缘于应翠剑的成长历程以及对品牌不断加深的注释，更是她个人风格的一种见证。正如 COCOON 的英文注解："蚕茧"。

化茧成蝶，自由飞翔，是所有女人的梦想。如今的应翠剑，显然已经实现了这个美丽的梦想——21 岁成为设计总监，22 岁成为中国最年轻的十佳设计师，一手创立了走高端路线的女装品牌，并用 10 多年的时间，将门店从最初的 20 家开到 300 多家，很快又加推了 4 个风格各异的全新品牌。从稚嫩的服装设计系女生成长为站在世界舞台上的知名设计师，再到如今拥有 8 个时装品牌、管理 5000 名员工的企业老总……她一直乐此不疲地"奔突"，很真实地选择，很踏实地工作，很自由地转换着角色。

仰慕，也是一种追求

如今，COCOON 的门店已占领国内一线城市的主流商场，并保持着每年 30% 的市场增长率。她坦言这样的发展速度和成就得益于自己不停地奔走全球市场，以及不断地学习与沉淀。她说设计师不能被一个固有的框框束缚，这些年，她一直不断地探索，不停地为自己设立一个新的目标与榜样。

有人说，心中有榜样的设计师是不自信的设计师。但应翠剑不以为然，她觉得一个设计师心中也应该有仰慕的榜样，这不是不自信的表现，而是会激发你更多的灵感。"比如在那些国际大师的秀场上，你通常会被设计师的某个特点震撼：原来服装可以这样解构；原来服装可以像雕塑一样传达如此强烈的形体感觉；原来黑色可以设计得如此淋漓尽致；原来彩色可以运用得那样繁复和纯粹"。

"时尚是一种选择，选择的背后是一个人的态度。"Vivian Westwood 是应翠剑很喜欢的国际设计师，"70 多岁的她顶着一头红发、活力四射、自信满满地站在秀场上谢幕"。她欣赏 Westwood 的叛逆、性感、华丽、张扬的态度，以及那种不被年华所改变的活力，这也是她自己的创作动力。同时她也迷恋这位大师永远的朋克风作品，"你会在一件古典风格的衣服上看到丝缎的内衬，也会因为羽毛、塔夫绸和蕾丝，找到文艺复兴时代的美好，令人看一眼就着迷"。

但另一方面，应翠剑非常在意"学"与"仿"的区别，行内的一句话很对：学我者生，仿我者死。

"中国的服装设计行业起步晚，中间还有几十年的断层，学习是一个必然的过程。但面对大师的作品，你只能去领会它的精神内质，却不能隆克出一个 Westwood 二代，这就好像杭州不能变成巴黎一样，每个国家的时尚都会不一样，都有自己的特点。"作为一个生活在杭州的设计师，应翠剑觉得，生活在这样优厚的人文地理环境中，除了去品味许多生活中的美丽外，更多的是要去找寻如何把传统的美丽和时尚的元素结合起来。在她看来，服装风格也是生活方式的一种彰显，而杭州女装应该是传统与摩登的化身。就好像如今西湖边那些老建筑，白墙青瓦间却藏着一个时髦而现代的咖啡馆。所以，如果用一种更 open 的胸怀，完全可以打造出吸引世界目光、独具本土特色的美丽产业品牌。

这个时候，仰慕榜样的过程便成了一种追求。

信步生活，暴走职场

说一个女人很滋润，应该算得上是对她的一种褒奖。这意味着她不仅看起来是美的，而且生活让她感觉如鱼得水，她获得了关爱和包容，是惬意顺心的。应翠剑就是这样一个让人感觉很滋润的女人，既能创造美丽，又能保持美丽。

"女人平衡才能滋润"，她将这种平衡归结于爱。事业和家庭的平衡几乎是所有女强人会遇到的问题，应翠剑坦言自己是幸运的，15 岁的儿子很懂事，她尽量让自己可以有很多时间陪在他身边，看着他成长，"和儿子相处久了，感觉自己反而成熟了许多，少了浮躁，多了一些耐心和宽容"。说起爱人兼事业伙伴姚虞坚，应翠剑的爱意更是溢于言表，"他是我的伯乐，也是我的老师，帮助我发现自己身上的闪光点，并教会我如何成长，不断地带给我灵感，那种感觉太美妙。在人生和事业上，他给予我的支持和鼓励，无人可取代"。先生给予的支持，她点滴都记在心里，并尽可能地把家庭放在重要的位置。"对女性来说，家庭是事业的支点，如果这个支点消失了，会变得焦头烂额。而我幸运地拥有一个最坚实的支点。"说这话的时候，她的脸正好在阳光下散发柔润的光芒。

即便懂得家庭是一个女人的幸福所在，但私底下，她依然会为没有太多时间陪伴家人而感到内疚。的确，身为企业老总的应翠剑，一年四次新装订货会、一年四次国外采风、一年数不清的大小服装发布会……这些年来不停地跑市场，应翠剑始终奔走于这种忙碌的节奏中。她说自己一直在与时间赛跑，但另一方面，她也深谙管理时间的技巧，"利用时间就像开车一样，当引擎发动时，你必须知道自己的目的地在哪里，走哪条路最快，或者走哪条路更省油"。

究竟丝绸美丽了苏洁

还是苏洁美丽了丝绸

丝绸如水，水如女人。柔软而精致的丝绸仿如天赐霓裳，为每一位女人装点了一个美丽轻柔的梦。而苏洁，正是这样一位用丝绸说话的女子。

在高高的舞台或隆重的宴会上，设计师苏洁的登场，如丝绸般高贵、华丽；

在庄严的讲台上，老师苏洁如丝绸般随和，贴近她就觉得舒服；

在幸福的家庭里，妻子苏洁如丝绸般娇柔、细腻，带给家人的是体贴与关怀。

从当初在中国丝绸博物馆工作，与千百年的丝绸文化对话，到回归母校（原浙江丝绸工学院）执教，肩负着培育中国艺术下一代的重任，探索古老的丝绸文化与当代时装之间的奥秘，再到如今以中西方艺术文化交流使者的身份，将产自中国江南的织锦缎，带到世界时尚舞台上……这个生长于杭州这座"丝绸之府"的江南女子，与丝绸的情缘，丝丝缕缕、缠绵不断。

春蚕吐丝，华丽蜕变

苏洁承认自己对于传统的东西并非一见钟情。她曾经辞去中国丝绸博物馆的研究工作，跻身商海，在杭派女装还处在萌芽期时，注资并运作了"SELF"品牌女装，并在业界经营得风生水起。

但很快，迷恋西方时尚设计的苏洁，在欧洲各国的行走中，真正感受到了中国的丝绸文化是多么璀璨。她终于感悟到，作为中国的设计师，将自己定位为一个做传统文化研究工作的学者是多么有使命感；也终于明白，中国设计师应该关注中国资源。于是，再一次，苏洁弃商从教。"名利在瞬间可得，而企业经营得再大也不会拥有那种追求传统艺术的使命感。"

或许就像春蚕食用了大量的桑叶后，需要暂时的停顿与消化，然后才能吐出华丽的丝。她避开浮躁与喧嚣，在沉静中实现孕育、蜕变、升华。多年来市场的磨炼与后来中国美术学院攻读硕士学位的进一步学习，让她将已有的一切作为养料、作为台阶、作为素材，酝酿出获得全国丝绸产品设计研讨会成品设计金奖的作品《丝·缘》。而作品《立足传统，时尚创新》，是又一次对于传统文化与当代时尚的深度思考。

西湖的文化气息，中国的艺术气节

如诗如幻的西湖山水，滋养了苏洁的婉约秀丽。

苏洁从没有离开养育她的这片土地，也从未停止过对它的感受。她感恩在杭州成长的岁月，西湖边生长的草木她都记得很清楚，"四季颜色变化丰富的树、看到人就乱跑的松鼠，那种自然的生气带给我很多激情"。

杭州秀美的环境，使得她眼睛不能揉一点沙子，创作的时候更是追求完美。"西湖的气质也决定了杭州人对美丽的认识，不是很张扬，但却是很精致的。"苏洁的灵感来源于自己的文化底蕴，也来自她对中国传统艺术当中那些细致入微部分的着迷。"当下许多中国人，一讲就是奢侈品，中国文化的审美没有了，偏离了。"

苏洁曾以浙江理工大学艺术访问学者的身份，去加拿大执教多年。她觉得作为访问西方的中国艺术学者，应该关注中国的资源，"比如中国的棉、中国的麻、中国的竹纤维，有中国精神就一定会关注中国"。

或许是女人对阴柔之美的天然亲和，作为生长于"丝绸之府"的江南女子，苏洁尤其偏爱丝绸。在她看来，从时尚的角度，高贵的丝绸是真正的奢侈品；从穿的角度，只有丝绸的流畅飘逸才能演绎出泱泱大国风范，也只有丝绸的雍容华贵才能包容这座古老城市的厚重文化底蕴。她曾经做过一些关于杭州丝绸文化和女装的元素研究之类的课题，希望通过这样的研究，提炼一些杭州丝绸和女装中独具特色的元素，挖掘具有杭州气质的符号。

作为学者，肩负着培育中国艺术下一代的重任，苏洁常常提醒自己的学生要关注中国资源。前不久，她创作出一系列中西方艺术元素混搭的艺术设计，并尝试让学生用中国的织锦缎面料设计出超前卫的创意时装。"加拿大的学生们第一次在丝绸面料上画抽象画，他们还会把 PVC、塑料与柔软的丝绸拼接在一起，通过很多不同艺术创作手法与文化元素的混搭，展现出艺术的多元化。"

这些年，苏洁对于中国传统文化的热爱更加深厚浓郁，她希望通过自己的中西方艺术交流使者的身份，将中国的传统艺术带到西方的时尚界，把中国精神传递到世界时尚的舞台上。

风尚名片

张义超 | 中国设计师协会艺术委员会理事，亚洲时尚联合会中国委员会理事，杭州设计师协会副会长，中国十佳时装设计师，首届杭州十佳设计师，日本旭化成优秀设计师大奖获得者，杭州"玖拾玖度"服饰品牌、"超生活"多元跨界品牌创始人

拉二胡，唱川剧，
穿长裙，游世界，访民风
色彩"超女"的"超生活"

来自成都的川妹子，杭州时尚圈里的"女超人"

"18岁以前生长在成都，18岁以后就把自己交给了杭州。"20年前离开成都来到杭州发展，20年后在杭州搞服装设计的张义超，发出了这样的感慨，"成都和杭州，一个如棉麻般舒适随性，一个如丝绸般精美细腻。"

身为"川妹子"，她承认自己的骨子里一直拥有四川人的脾气，比如总是人未到、笑先闻，做事风风火火，性情直爽，有情有义，想说就说，想做就做，而且灵性十足，魅力超群。她笑称自己有点"女人中的爷们"的味道。

成都的巴蜀文化——大气包容，在她身上得以体现，但另一方面，这些年在杭州生活，这个城市的环境、人文精神，也为她的粗线条添加了几分细腻，比如追求精致、懂得享受，比如热爱艺术，做设计也是如此。20年的时间里，她在杭州留下了N个"创造"时尚的芳踪：创办了杭州第一支大学时装队，创立了杭州第一个设计师跨界生活品牌，创建了两家服装公司、四个女装品牌，还先后开过三家时尚主题餐厅。

在平常人看来，一个小女子要兼顾这么多事情似乎有些不可思议，所以"超人"的 ID 是圈内公认的。也因为她身上特有的"大姐大"风范，身边的朋友更乐意亲切地叫她"超姐"。超姐以办事神速、精力超旺著称，她可以用很短的时间办好在别人眼中看起来很费时间的事，从她的从业经历来看，她一直以跳跃的速度在发展，比如设计理念超群，行事作风超人一步。"中国十佳时装设计师"的称号，企业多年来的飞速发展，以及她个人品牌"九十九度"的风生水起，都得益于此。

作品如性情，温婉又飒爽

"从天府之国到人间天堂，我选择了两个最幸福的城市。"沿着这条幸福的生活轨道成长，如今的超姐觉得，生活在杭州这样优厚的人文地理环境中，除了去品味许多生活中的美丽，更多的是要去找寻如何把现有的美丽和更艺术、更时尚的元素结合起来。

就好像她的个性中同时带着四川人的随性与杭州人的精致一样，她的作品也兼具这种和谐的对比和冲突：在表达杭州姑娘温婉细腻的同时，以干脆利落的线条感带出四川妹子的飒爽之气。

她的设计作品永远绚烂出位、款式简洁现代，还融合了古朴与典雅。她喜欢浓烈的色彩！

四川多民族聚居的地域特征带给超姐的影响很大，这使得她的设计带有浓重的民族色彩。重庆时装周上，担任艺术总监的超姐，展示了她的最新作品，丰富深邃的色彩让她获得设计界"色彩超女"的一致赞赏。

另一方面，除了用色的大胆，她还擅长运用刺绣、抽褶等女性化的细节。这也体现了身为杭州女设计师对江南传统工艺的继承，而这些细节也比较符合杭州女装婉约的女性气质。

"超生活"中体验"超温度"

几年前，在中国国际时装周期间举行的 DHUB 设计汇上，超姐为国内时尚界带来了设计师生活跨界品牌"99度器饰·超生活"系列的最新创作。

温度，是她这次设计的主题，这个温度囊括了超姐的多元跨界"超生活"设计成果。她将艺术创意与时尚生活巧妙结合，从服装到陶艺、家居、饰品等进行再创作。

这些作品，是超姐感悟于自然生态，对生活进行浪漫主义色彩诠释的一次全方位设计探索，也是她在时尚设计领域用眼睛与心灵去创作的一次大幅度跨界。

在超姐的别样感悟里，生活是一个巨大的"容器"，时尚与艺术一个是"米饭"、一个是"调味品"，但它们都盛于这个容器之中。"艺术是生活的沉淀，是我在嘈杂中短暂沉静的片刻享受；时尚是生活的趣味表达，是我疲惫时的一剂兴奋剂。"超姐觉得两者之间要不要交集，怎么融合，取决于每位创作者的表达方式与价值观。对她而言，时尚与艺术是她人生的语言，使她的生活变得"色彩斑斓"。

拉二胡，唱川剧，穿长裙，多元"超女"的多彩生活

生活在杭州这座幸福感之都，工作之外的超姐，会试图寻找自己的"享受轨道"。比如随身带着一只古董相机到处拍，去各地寻找美食。非常热爱中国传统文化的她，还会拉二胡，川剧也唱得不错。

她也喜欢略带民族色彩的装扮，无论出现在哪里，总是把自己打扮得很有女人味：长长的裙子，大大的耳环，粗粗的戒指……一身融合着民族元素的拖地长裙早已成为她的时尚 logo，她还经常佩戴夸张的民族风格饰品。

另外，超姐还非常喜欢去那些少数民族聚居的地方旅行，云南、贵州、四川、西藏……那里原汁原味的天然素材，能够激发她的想象力。她曾经在贵州花了整整一个下午的时间，说服了一位八十多岁的老太太把自己出嫁时的手工绣袍卖给她。

当然，身为"女人中的爷们"，喜欢满世界跑的超姐，行走中也少不了自驾游，开着很酷的越野，游历许多原生态的地方。

从 T 台到灶台，从时尚到食尚

"啥子呦！吃得多，耍得也多。"

作为川妹子，酷爱美食的超姐，做得一手地道的川菜，在杭州开了家川味私房菜餐厅。她还去找大师傅学厨艺，会做各种样式的西式面包，也会做中式的鱼翅料理。

"就像好服装设计师做的衣服要让人感到'开胃',好厨师做的菜也要'养眼'。"凭着对时尚和审美的敏感,超姐对美食的外观上有一种近乎偏执的追求。食材颜色要怎么搭配,完成后怎么摆盘,她把对服装设计的创意追求也投射到了美食身上,甚至把T台上风靡的混搭风带到了灶台上。比如:赤橙黄绿色彩可以混搭,天南地北食材也可以混搭;冬装与夏装可以混搭,江南池塘里的清爽莲藕与热情的四川朝天椒自然也可以搭配出充满个性的口感……

风尚名片
肖红 IBRJ 品牌创始人兼设计总监，国际华人设计师品牌 RedXiao 创始人

中国时尚精神的"一点红"
每个设计都是导演的一出戏

她是 BRJ 的总舵手，在全球拥有 260 多家店，曾创造了年均销售近两亿元的数据；她是服装"设想师"，创建以个人名字命名的国际华人设计师品牌——RedXiao，设想成为现代中国精神的"一点红"！

服装语言描绘色彩乌托邦

从国内一线中音歌唱女演员，到中国十佳服装设计师；从四台缝纫机，五六个缝纫工人，前店后厂，到年均销售近两亿元，在全球拥有 260 多家店铺的女装连锁品牌，肖红创造了一个又一个奇迹。

作为 BRJ 的总舵手，自始至终，她看上去都不像一个太纯粹地走在前端的设计师。没有桀骜不驯的激烈，而是浪漫聪慧，自由不羁。作为一个服装品牌的设计总监，本应更关注如何将设计融入市场，但她似乎更像一个独立的设计师那样"随心所欲"地做设计，纯粹而美好。

肖红的设计，同样散发着纯粹的味道和能让你闭目想象的能量，柔美而单纯。她将流于表象的一切汇聚成自己笔下最具真实灵魂的设计，优雅的线条在流动中畅所欲言，释放无数的温柔力量，带我们回归纯真年代。

十多年来，这个叫"BRJ"的品牌，在西子湖畔扎根成长，它将一个又一个来自纯真年代的美丽秘密娓娓道来，那是一种成人经过世事洗练后回归单纯的境界，用最纯真的心坚强面对生活中的一切，这缘于创始人肖红的个人成长历程以及对品牌不断加深的注释。运用在服装上，是接近自然的明媚色彩，水蓝、绿色、樱红、米白……肖红将它们堆砌在一起，渲染着自己快乐的心情，那是她的色彩乌托邦。

肖红希望每一个穿上BRJ的女子都能找到一个更美好的自己。有时候，她会怀着这样简单而快乐的心情，从西湖大道的工作室跑去南山路的店里，在那里，她遇见不少很美好的姑娘，看着姑娘们穿着那些被旧日情怀浸染了的连衣裙，时光仿佛停在那里了。

跟着摇滚乐一起温柔

肖红的纯真口味和她喜欢的摇滚乐或重金属，是很难彼此相融的。她有时会戴着耳机，听着一些性感、狂野或优雅的音乐，穿着休闲的上衣和酷酷的牛仔，制造一个又一个浪漫梦境。

如今，她把那种听觉上的美感，转化成一种"听后感"的设计形态，那些强劲的节奏和性感的声音，流淌在她心里后融化成柔和的色彩和优雅的线条，她说那是女子温柔的力量，属于她的混搭范儿。就好像她这些年一直迷恋的某种反差感，她说反差让她找到了生活中的平衡。她将这种奇妙的感觉运用于自己的设计中：含蓄而又光芒万丈的天鹅绒，配平凡的针织或棉线；细腻轻盈的蕾丝与网纱，搭纯朴而简洁的粗毛线……各种风马牛不相及的面料被肖红自由拼凑到一起，传达出一种非凡的浪漫。

她希望将这种浪漫的力量转化成服装语言传递给每一个 BRJ 女子，就好像她眼中的杭州女人：刚强又柔顺，拥有如水般的娇柔外表，却怀着坚强而又纯真的心。

"当代中国精神"的"一点红"！

作为一个服装品牌的设计总监，本应更关注如何将设计融入市场，但肖红似乎更像一个独立的设计师那样"随心所欲"地设计，纯粹而美好。

于是，她推出了个人设计师品牌 RedXiao。这是一块设计师全面展现自己品位以及对时装狂热迷恋的领地，带着非常浓重的肖红个人烙印。在这里，不仅可以看到极具设计感和工艺感的精致商务风格时装，还有肖红个人品牌的高级定制。大到一套礼服，小到一个发夹、胸针，都是肖红个人作品的展示。其间还有不少仅此一件的个人设计，往往信手拈来，颇有创意，比如一件双面印花的真丝连衣裙，或绣满亮片的白色西装。

如今的 RedXiao，早已成为国际华人设计师品牌中的代表作。在肖红的蓝图里，这个以她英文名字命名的个人设计师品牌，今后的目标是成为现代中国精神的"一点红"。她希望自己心爱的设计有一天能和更多的女人分享，"设计师就好像导演，按照穿衣者的各种生活方式展现她们不同的生活态度"。未来，将有越来越多间 RedXiao 收藏她的时装梦想，散落在世界的各个角落，这个行为本身就是一种生活方式的传递。

这种传递，也是肖红对自己设计知音者的一个深情拥抱。

风尚名片

钱峰 | 杭州文创集团董事长，浙江省服装协会副会长，杭州市服装设计师协会会长

文化新生，设计先行

和许多跑时尚的杭州记者一样，钱峰是我的时尚导师，10 多年来，他带着我们跑时装周、采访设计大咖、看各种设计大赛……这些年从时尚教主到文创先锋，他身上始终带着"领袖"风范。而"成熟"与"年轻"，在他身上呈现出来的是大气和活力的绝妙组合。记得第一次见他是在 2008 年，雨后的西湖边，一个帅气的小伙儿朝我走来：健康的肤色，轻松宽大的牛仔，草绿色的 T 恤，灿烂的笑容，一切像清新的空气扑面而来。他的笑容是少年的，他靠后的发际线却预告了他的真实年龄。

为创新而开心

"文创力就是国家力，文创力就是经济和企业发展的新引擎。"大文创时代以雷霆万钧之势拔地而起，迅猛到来之时，钱峰早已拥抱文创思维，打造出事业新巅峰！

在浙江的时尚圈、文化圈和商圈，钱峰的名字都不陌生，他是浙江省服装协会副会长、浙江省服装协会设计师分会会长、杭州市服装设计师协会会长、杭州时尚联合会会长、杭州市文化创意协会常务副会长，同时也有"品质杭商""文化新浙商"等诸多光环加持。

坐拥这些光环的钱峰，不仅是一名有腔调的设计师，还是一位成功的企业家、积极的社会活动家。从 20 多年前的"中国女装设计师品牌领军人物"到如今的"中国文创产业先锋人物"，钱峰说他一直在做一件事——创新，"任何一家企业，之所以能长期存在和发展，一定是因为它为社会创造了价值。所以企业要不断地创新，这是企业的天然使命"，钱峰说自己"为创新而开心"。

从大学老师到服装企业家

设计师自创品牌的成长，无法脱离时代背景去讨论。

时间切换到 20 世纪 90 年代初期，中国的服装市场还是比较空白的，很少有个性化的东西。当时的大学老师钱峰辞职创业，从服装设计起家，并很快开创了杭州女装品牌建设之先河，成功将"蓝色倾情"品牌推向全国，并使之迅速发展成为中国女装的领军品牌。

近 30 年的创业经历中，钱峰创建过服装企业，开过创意餐厅，投资过特色小镇……一路尝试，一路成长。最终事业定格在文创产业，方向是做文化创意园区，尝试以改造老厂房为主线的创新发展模式。

杭州文创先行者

时间切换到 21 世纪初期，当时杭州的文创园还处于萌芽状态，身为杭州设计师协会会长的钱峰，在运河河畔打造了杭州的第一个文创园，尝试着以工业遗存厂房为载体，在保护老工业遗产的基础上将其利用再改造，初衷是为那些和创业时的自己一样的服装设计师解决办公场地问题。

有了文创园，设计师们开始并肩创业、交流、成长，很快，他们之中有些成为"全国十佳"，有些创出了全国知名服装品牌，年销售额过亿元。这让钱峰意识到了自己身为文化创意推动者的使命，而他的文创事业也随着产业园的发展从此一发不可收。

2006年，正值文化创意产业蓬勃发展之际，钱峰的文创公司成立。其致力于文化创意园策划建设和文创产业投资，成功运作了天水177时尚创意园、富义仓时尚创意空间等，还参与了杭州多家文化创意园的项目策划。

通过几年的探索，钱峰的公司开始拥有一套集园区投资、设计、建设、招商、运营、平台式整合创新服务为一体的成熟的经营模式，成功吸纳了一批优秀的文化创意企业入驻，实现了产业的集聚，也助力了浙江文创产业的发展。

无限创想，无限孵化

钱峰还有一个头衔——浙江理工大学教授，他在推动青年设计师成长的同时，也把目光投向了刚刚毕业的创业大学生，他不仅帮助服装专业的毕业生建立工作室，还在园区设立了设计师资源中心，辅以工商注册、财税事务、基础办公、资金扶持等公共服务项目。"我们同时为初创项目对接创业导师，根据他们的需求进行创业辅导。"为了解决学生和年轻设师创业的资金问题，园区还成立了一只文创创想基金，支持年轻人实现创业梦想。

随着创新模式的一路摸索，钱峰的文创园渐渐实现了一些重大成果的产业化，孵化了一批有竞争力的原创设计师创作及创业项目。

在钱峰看来，最近几年，随着消费升级，设计、创意等行业生成了大量的产业机会，而中国的制造业又给中国的文化创意和科技创新产业带来大的机遇，文化创意和科技创新是中国进入竞争发展时代的一个核心力量。

但如何差异化创新发展，钱峰的思路是，开发一种"互联网+"和"创客"的互联模式：让不同背景的人共享一个办公空间和行政服务，一起工作、交流、分享。"同一空间下的跨界组合产生的叠加效应，与以往封闭的办公空间是不同的。我们把这个共享式办公空间打造成互联网创业孵化器，用互联网来改造和推动传统企业。"钱峰还给这个共享空间取了个时髦的名字："We Work"。

如今，从第一家文创园到现在，钱峰的文创集团已经成功运营了近20个创业孵化器、产业园区以及特色小镇。他的团队已经逐步从提供文化服务、打造原创设计品牌向建设文化创意产业平台过渡，如今成为具有强大投资能力的文化创投公司，实现服务—平台—创投的全产业链模式。"我们走第一步，稳中求进，让文化服务更精准、更专业、更系统、更智慧。第二步正在开始布局，线下实体文化创意平台和线上文化消费平台同步推进。"

钱峰想要构建的是一个梦想平台，让创意在"泥土"里生根发芽，让文化链条粗壮绵长，而他自己始终在进行文化播种，始终在进行文化创新。

中国旧家具经他"修复"
成了奢侈品

用 19 世纪罗马牛皮装饰的中国老床；用明清时代雕花床板和 FENDI 皮革，结合中国传统抱枕工艺制成的沙发；用被拆除的老房子的破损窗框制作优美的镜子……

这些作品被载入意大利奢侈品牌 FENDI 百年创作史，作品设计师张雷，杭州 80 后小伙儿，一下子成了中国创意新一代的热门人物。

想把中国的老字号"延续"为奢侈品

谈及与 FENDI 的合作，张雷强调了中国哲学思想中的"物尽其用"。

"我来到塘栖农村一些即将被拆迁的老房子里，看到太多的古老家具由于破损而被遗弃，这些家具没有能力为古董商赚来丰厚的利润，但它们是中国历史留下的痕迹。"这次在 FENDI"手"创未来设计展上展出的、出自张雷之手的十余件作品，全部是他向一个收废品的老者购得的。在张雷眼里，这些破损的老家具的文化价值反而比完整古董的价值更高，因为它们记录着很多历史的痕迹。"在未来，文化价值这种无形价值，肯定比有形价值更值钱，就好像奢侈品不是金子做的，但它却可以卖得那么贵。"

经过修复，张雷让它们焕发了新的生命。"专门会有意大利的工匠师傅飞过来，和我定期合作。我们就将几箱从罗马直接运过来的皮革，与这些旧家具结合在一起，这些东西融入中国传统文化与古罗马文化，产生了一种意想不到的美感。"

张雷的所谓"修复"，是延续，而不是破坏或改造。"我没有破坏任何一件完好无损的东西，这张椅子的椅面丢失了，才装饰了这张皮垫。这个窗户破了，才被制作成这个镜子。"在整个修复过程中，张雷没有用任何钉子等现代化材料。用来修复的木头，也是来自那些被拆老房子中的废弃木头；用作修复或装饰的罗马牛皮，则来自 FENDI 手袋制作过程中剩下的碎牛皮。

想让余杭变成一个古老而前卫的国际城市品牌

作为目前炙手可热的中国青年设计师，张雷与意大利颇有渊源。在意大利的 Domus 设计学院深造期间，他亲身体会到了意大利人对保留传统文化及基于此的延续性创新所拥有之惊人魅力。自那以后，张雷将中国传统哲学、生活方式和传统手工艺进行实验性创作，并因此赢得了包括 2011 年 IF 产品设计奖、2010 年亚洲最具影响力奖等一系列设计领域内的大奖。

在意大利，张雷与来自德国和塞尔维亚的两位设计师结识。两年间，他们将混合了德国的功能主义、塞尔维亚的自然奢华以及中国内敛的设计风格的自然主义设计作品展示给了欧洲；两年后，他们又把这种设计风格带回了中国。

还是意大利，就在半个多月前举办的全球最著名的米兰设计展上，张雷与他的搭档们代表一个来自中国的设计公司，携带 3 件纸伞设计、9 件纸伞衍生品设计，以"余杭纸伞的未来"为名，参展 2011 米兰设计周 SaloneSatellite。用防撕破的合成纸制成的、可以反复使用的纸篓，用余杭纸伞的传统工艺制成的宣纸椅子……这些灵感来源于余杭纸伞的家具作品，受到了国际媒体的大量关注。

"我们这样做，可以把古老、濒危的油纸伞制作技艺传承下去，同时也是更重要的是，油纸伞这六七十道工序拆解后，有些结构或者形象可以运用到其他工业产品设计上去。"张雷的初衷就是通过纸伞的再设计，让余杭在国际上变成一个古老而前卫的城市品牌。

第一个在世界最高级别家具设计展上亮相的中国设计师

可以随意放置沥干水的圆形盘子，天然橡胶制成的软冰箱，不用通电的原木加湿器，没有一颗螺丝钉的卯榫结构衣架……这些具有原创精神的工业设计产品，塞满了杭州西溪湿地附近荆山翠谷住宅区的一幢别墅。

这个屋子，是张雷和他的伙伴们的创意工作室。出自这里的设计产品涉足 30 多个工业产品门类，大到住房、洗衣机、冰箱，小到打火机、碗碟。

7 年前在这里驻扎，他肯定没想到，在自己的带领下，一个由平均年龄不到 29 岁的年轻人组成、名字叫"品物流形"的团队，会在几年后成为迄今为止国内唯一一个能够在短短一两年囊括德国红点奖（Redhot）、德国 IF 设计奖、香港亚洲最具影响力设计奖等国际顶尖设计奖项的团队；也没想到会成为第一个在世界最高级别的设计展米兰设计周亮相并取得 DesignReport 前十提名的中国设计公司；更没想到，甚至可以走进瑞典斯德哥尔摩那座著名的诺贝尔颁奖大厅，接受国际设计界魁首前辈的祝贺。

问他为何用《易经》中的第一句话"品物流行"来命名公司和团队？张雷的解释是：我们要用品尝的态度造物，用滴水穿石的精神雕琢世间的形态，即利用自然的方式创造事物。

相比现在有太多设计师在做的中国形式、中国花纹，张雷更擅长挖掘中国传统的哲学思想和传统的生活方式，"一个设计，它有可能是一个西方的形式，但是它一定有个中国的心脏"。

张雷说，中国特色的设计可以有很多方面，有中国风格、中国生活方式、中国材料、中国理念，但外国对于中国的认识只有牡丹花纹和中国红。"他们的认识太表面了，很大一部分原因是我们没有输出。"他的想法是，把中国设计的所有这些方面都考虑进来，再加上个人的创造性思维和审美品位，最终设计出不仅实用而且令人惊喜的产品。

比如杭州老底子农村刷碗用的草木灰袋，把它重新包装一下，拿去米兰展出，让老外眼睛一亮；比如在 FENDI "手"创未来设计展上展出的古老挂钟，它的部件来自老床的床架，其中的一圆一方，传达了中国和意大利两种文化的不同，中国文化内敛趋于圆，意大利文化热情趋于方。表盘的数字分别用中文和罗马数字表示，两个国家的时间差带来了强烈的视觉冲击，也容易勾起人们对两种文化的思考和理解。

坚持梦想自制的网红掌柜

红透淘宝，从"小眼袋"到头戴双冠的"眼袋皇后"

11年前的沈敏，是个眼袋儿有点大、喜欢穿"奇装异服"的小学老师，小朋友们都很喜欢这个有点"怪"的沈老师。

今天的沈敏，是个ID叫"眼袋"，昵称是"屁侠"，走欧美中性"范"儿，在杭州设计衣服、卖衣服、红遍淘宝的年轻女掌柜。

不过，这些丰富的背景和复杂的定语都不是她走红的原因。

这个自称"眼袋"的淘宝掌柜，百元起家，从亲自上阵做麻豆（模特）到自创品牌，从一名"无冠"的"小眼袋"炼成头戴双"金冠"、手下员工达200人的"眼袋皇后"（金冠代表淘宝网最高信用等级卖家的级别），慢慢将自己的小店打造成年度淘宝网集市店铺排名一度占据第15位的原创女装店。在淘宝网，她一手打造的"眼袋自制"自主品牌服饰，是N多时尚女性的心水宝地，累计粉丝多达120万，曾经创下1年内7000多万元的营业额。作为一个设计师自创品牌，颇有些传奇的意味。

坚持原创，梦想自制

这个自嘲有些"拧巴"的女孩，成长轨迹有些像似曾相识的励志偶像剧。

曾有份非常"正经"且令人羡慕的工作，但自觉不如意而毅然放弃，学起自幼梦想的服装设计专业，做起很久以来最普通的小买卖，如今在一堆美不胜收的衣服中站了起来。

2003 年，毕业于诸暨师范学校的沈敏辞去小学老师的工作，一边做服装导购，一边自学，一年后考入浙江理工大学服装设计系，成为班里年龄最大的学生。那是让沈敏觉得内心饱满充盈的 4 年，她徜徉在自由的设计梦想里。大学毕业后，短短几个月的时间，沈敏这个"失了业的网购狂人"开始倒腾网店。

开店之初，只是玩儿票，可一不小心把爱好做成了事业。

2010 年春天，沈敏创建了淘宝原创女装品牌——"眼袋自制"，个人 ID"眼袋"。"眼袋自制"上线当天，销售额一跃从原来的 5 万元升到了 12 万元。而当年的淘宝年终大促，她的店铺单日销售额达到 168 万元。

销量翻番让沈敏坚定地走原创设计路线。很快，沈敏在网上有了自己强大的粉丝团——"袋袋"。淘宝第二期的私人珍藏店铺里，她的店铺跃居其中，并荣获年度十大网商。在大家的口口相传中，沈敏怀揣"梦想自制"的终极心愿，把"眼袋自制"的名号迅速打响大江南北！

强强联姻，梦想继续

如今的"眼袋自制"，已经成了一条庞大的流水线，每周都会推出新款，每季都会确定主题和风格。另一方面，在最近两年淘宝网站流量已接近饱和的趋势下，30 出头的沈敏，在店铺的方向和管理上感到力不从心，告别没有睡眠，没有娱乐的非正常生活成了她最大的愿望。

而恰逢此时，一次与淘宝另一家双金冠品牌 Mimius 创始人的畅谈，给了沈敏一个新的选择：对方擅长管理和运营，将双方的店铺资源共享，接入更适应电商节奏的供应链优势。于是一拍即合，将两个品牌合并，一个主打甜美清新风，一个擅长玩味童趣，风格多样化的同时，还精简了供应链，产品定价也更亲民。

这样的牵手，似乎是差异化互补的强强联合。合并后首次略显仓促的新品上线第三天，店铺的 UV（浏览量）从不足 10 万跃升到了 36 万。

沈敏坚信，这是一个好的开始。

"屁侠"的小地盘，传递快乐生活

将"眼袋自制"放手交给 Mimius 运营，如今的沈敏终于有了更多的空间可以沉浸于一种自由的设计状态中。

为了玩出更多花样，她还在去年推出了个人微店品牌——"屁侠"，依然坚持走原创设计路线——街头休闲风、舒适家居风，加一点童趣和搞怪，这样的风格受到"袋袋"们的大力追捧。擅长玩味童趣的沈敏，凭借对服装的良好感觉，把衣服设计得有腔有调：那些温暖可爱的鞋子，俏皮清新的 T 恤，洋气有型的裤子，美翻了的裙子，百搭潮流的包包，活泼童趣的卫衣……统统都是眼袋的"菜"。"卖自己能穿的，穿自己要卖的"，这是她的设计初衷。

每一款设计，沈敏都不会去大量生产，店里的衣服每次一上新就被一抢而空。除了服装，"屁侠"还有很多生活用品和美妆产品，比如温馨的陶瓷杯子、手工蜂蜜、有机精油，还有超受欢迎的瘦腿袜……所有的产品都是沈敏自己生活中吃的、穿的、用的东西。比如她有一段时间特爱吃零食，就推出了自己喜欢的手工小麻花；最近，她想在春天到来之前为自己设计一件 oversize 的中性风格连体裤，这也将会成为春季的第一款新品，没有刻意去迎合潮流，完全是依照她的个人口味。所以，这个微店铺也渐渐成了围绕她个人的生活方式店。

至于"屁侠"的规划，沈敏希望凭着自己的感觉走，准备继续设计自己喜欢的潮衫，卖自己喜爱的生活用品，然后发展成有点小趣味的生活小潮牌。她说自己并不会刻意去找灵感，也不会按主题推系列，一切顺其自然。

这也符合当下 90 后的"无规则"消费观，而沈敏想传达的，无非是一种简单随意、快乐自由的生活方式。

续写 1001 个童话
每件童装都在讲故事

　　《一千零一夜》，一个阿拉伯的童话，神秘、智慧、神奇……吸引了世界各地的孩子们。

　　一个叫叶叶的姑娘，希望为孩子新编"1001夜"故事，并亲自讲给孩子们听，也希望沐浴在故事里的孩子们无论何时何地，都有聪明、开心，懂得施爱和分享，和谐与喜悦！

　　非服装专业的叶叶，决定把这个新的1001夜故事通过童装传承下去，穿在每个小朋友的身上。因为她觉得，"童年如同美丽的童话，充满了新奇与快乐。而一件漂亮、有故事的童装，记录着小朋友童年的美好印记，就像任何一个生命一样，朝气蓬勃"。

　　于是，2007年，在仲夏的西子湖畔，她创建了自己的童装品牌"1001夜"。童话里的主角是男孩伊琳"10"与女孩凌伊"01"。从此，神奇的故事穿在孩子们的身上，越来越多的父母响应了为孩子们编故事、讲故事的倡议，新的1001夜故事随着1001夜童话童装，传播更多的爱与喜悦。

　　几年后，"1001夜"已在全国设立了300多家专卖店，销售网点遍布大江南北，每年公司生产的童装有 200 万件以上。叶叶本人，也凭借她富有童话色彩的设计作品，一度荣膺"杭州市十佳服装设计师"称号。而由她一手打造的"1001 夜"，也拿下了杭州 2012 时尚周"最具时尚童装设计大奖"，以及 2013 年中国国际时装周的"中国童装十大品牌"荣誉。

身为杭州童装品牌设计的领军者，叶叶一直在打造中国"第一童话童装"品牌的道路上撒欢奔跑着。

做有故事的童话童装

如果说设计的灵感来自一瞬间，那也是"蓄谋"已久。

叶叶说当年父亲给她起这个名字，含义就是"红叶 + 绿叶"，红叶代表热情、奔放，绿叶代表希望、和平。

所以，童年开始，叶叶就一直希望她的童话森林里能充满这些美好的红叶与绿叶。这两片儿时种下的嫩叶，一直埋在她心里。如今，终于幻化为童装童话，将这份美好传承给更多的孩子们。

在中国国际时装周发布会上，叶叶用"叶"这种常见的自然之物串起童话，把时间和空间、自然和人间、经典和时尚，通过服装在舞台上进行了精美的童话般演绎。

事实上，除了叶子，叶叶从自己的快乐童年以及大自然中汲取的灵感还有很多。从之前"云朵的童话""月亮的童话""星星的童话""花的童话"，到如今"叶子的童话"，每一年，她都会为孩子们带来一个不一样的主题。

此外，生活在杭州的叶叶说，这座美丽的城市也为她带来了很多灵感，比如那个关于古莲子的故事，就发生在西湖边。提到杭州的小孩子，她也会根据那些杭州"小伢儿"们特有的喜好和个性去设计或宣传，比如杭州小朋友的自我表现力和动手能力很强，她就让小伢儿们穿上多彩的衣服，登上杭州时尚周的 T 台；或者让他们亲自为妈妈设计一个卡通形象并制作成 T 恤……

在叶叶眼里，"每件童装都可以成为一个童话故事的载体"。年轻的妈妈们可以看着孩子衣服上的元素，即兴编故事讲给孩子听，让孩子们沉浸在童话般的童年里。比如：自由自在、满天飞舞的七彩云朵和风筝一起快乐玩耍，毛毛熊和星星姐姐悄悄来到你身边……叶叶的愿望是，让"1001夜"可以为孩子传递更多的喜悦与梦想，更希望孩子既是童话的聆听者，又是童话故事的主角，无论何时何地，都能够享受童年的快乐，编织自己的梦想，懂得施爱和分享。

"思想制衣，童装传道"
让"1001夜"成为"爱"的表达

对叶叶来说，童装不仅仅是童话的载体，更是爱的载体。所以，在注重创意设计续写童话的同时，她也非常注重自己品牌的产品要尽量满足儿童生理和心理需求。

"除了设计上要真实表达并激发儿童的天性，我还会注意在服装织造方面选用最天然健康的面料，保证穿在身上、暖在心里的良好品质，为孩子营造一个简单、安全的童年生活。"

在秋冬流行时尚枕型衣领服装系列上，叶叶为了特别保护儿童的脖子部位不受冷和方便穿脱，拉链采用了前襟式并结合搭扣的设计，同时在手腕处采用松紧袖口设计，令衣袖不易皱起，穿着舒适。还有，为了让孩子可以在下雪天玩得忘乎所以，妈妈不用担心衣服湿了孩子会感冒，她还推出了一系列防水高光泽面料，不仅挡风效果好，还可以防止飘落的雪融化后浸湿衣服，给孩子的健康上了一道保护伞。

除此之外，叶叶还为"1001 夜"树立了一个独特的服装理念——"思想制衣，童装传道"。她刻意在设计时赋予作品一些生活哲学和美学，比如用很多温暖的颜色，因为她希望每个孩子的感情世界都变得更加温暖；或者在衣服上画上大量的动物，因为要让孩子学会关爱，教他们照顾弱小的群体，懂得动物和人类应该并存。

叶叶希望能够借助这些"有思想的美学"，对孩子生活方式进行引导。与此同时，她也会为孩子不断续写新的 1001 夜童话，以童装传递爱，带给孩子更多喜悦。

充满想象力的纯真"大孩子"

"我就是一个永远怀着童心、时刻充满想象力的手工者。"这是叶叶对于自己童装设计师身份的简单诠释。

多年来与童装打交道，叶叶自己也越来越像一个长不大的孩子，带着一群拥有爱、有想法、幽默、天真的大小孩，沉浸在她自己一手打造的"童话王国"里，去创造一个又一个童话故事。

"作为一名童装设计师，多了一份童真的心，总像小朋友一样充满好奇。"一个奇特的颜色，一辆折纸风车，一部奇幻的电影，一段冒险的旅程，到了叶叶这里，都可以冒出一堆不可思议的想象。

生活中的叶叶好动，喜欢小动物，喜欢和伙伴们去游玩，喜欢拍摄有趣的画面，喜欢尝试新鲜的东西，热爱一切有爱的事物。在她的办公室里，有幽蓝的充满神秘气息的星空装饰，有做成尖尖城堡状的展示台，甚至有专属版权的动物卡通公仔。她还用 Hello Ketty 的手机套，家里的台灯也是一个芭比娃娃的造型，她的生活处处充满着童真的内容。

茶界最时尚的女掌柜

时尚界最懂茶的设计师

让作品说话。而她本人，可能就是她自己的一件作品。

人如其名，汪静美，似一汪清水，安静且美丽。当她着一袭茶服从古街上徐徐走来，空气中被不自觉牵动的气场，让人不禁想起这个杭州女子心底的色泽和肌理。

身上没有老成持重，毫不忸怩作态，生动得好像个天真的孩子。她说自己的性格有些两极分化，聊起生活就兴致勃勃，谈到设计又显得安静优雅。

浮云堂，是她于繁华闹市里打造的一片清凉净土。

活在古意里的茶服设计师

如果，女子如花，那么，此时着一件轻衫白衣，一边品茗、一边设计茶服的汪丽静，则似一朵温良的玉兰。比玫瑰浅淡，比茉莉玉润。开在时光深处，静静，脉脉，就这么清雅着。

这位淡淡的杭州女子，以一番如水的温柔心境，设计出带有古意之美的茶服，那些焕发着独有青烟淡墨气质的茶服，像她本人一样，透出一种含而不露的矜持。

为若梦之浮生，造云起之寸地。一个名为"浮云堂"的茶人坊，是她以现代人的审美传承古典韵味的经典之作。

推开木门，眼前是精致的茶器、茶具，那些茶香气之中的茶服，以及或高或低的绿色植物、木窗、木柱子、木桌椅，厚重古朴，恍惚间远离了尘世的喧嚣步入了世外桃源。

汪丽静将她的浮云堂安置在了距清河古坊仅一街之隔的高银巷，一边是南宋古街，一边是车水马龙的繁闹都市。她觉得，那里是一条似穿越未穿越的生活之所，最适合融合了传统与时尚的现代茶人服。

借茶，修衣，造梦
实现茶服梦想

"从来佳茗似佳人"，汪丽静觉得杭州是个有腔调的城市，生活在这个城市的女子，身上带着一种沉积入髓的传统记忆，是无法被时光抹除的。

身为生活在杭州的女子，她爱茶、品茶、懂茶，在她眼里，杭州女子最时尚的生活就是一种"以茶为媒"的方式。用一杯茶，让人在浮华的当下静心下来。通过习茶修得人淡如菊的意境情怀。感知生活本源，且行且慢。

一件茶服，就是一种生活方式。借茶，造器，修衣之事，入物入境。

"我想每个爱茶的人心中应该都有一场茶服梦，梦中女子洒脱自由，身无束缚，心也跟着没了羁绊。"

为了这个梦想，汪丽静将茶道文化与时装进行结合，进行一些大胆的跨界尝试，寓古典以现代元素。她取茶文化"静、柔、清"的特点，吸收汉服的宽缓、唐装的流畅、舒适，并融合现代服饰的简约设计理念，裁体舒简、色系清素、式样典雅，既适于茶人们悠游自在的茶事穿着，也适合爱茶之人的日常穿着。

在浮云堂，那些焕发着独有的青烟淡墨气质，洋溢着浓浓复古气息的茶人服，不好说哪个部分具体是借鉴了历史上的哪款式样，但这些带着点新意的对襟、盘扣、开衩、滚边、结饰，一一展示着爱茶之人的优雅风度。

茶服之美，似水墨丹青
一场"回归"

茶服之美，是她透着的那股东方神韵，宛若古典水墨丹青。

汪丽静的茶人日记记录如下：若衣着去除华丽炫耀之气，换之以古朴、典雅、庄重、休闲、时尚、舒适的粗布棉麻之料裹身，返璞归真，岂不雅哉？

这位看起来清新漂亮的年轻姑娘，想要通过"回归"引导身边的年轻人敬畏自然，重回清净、自然、简朴的本质生活。"时常想起南宋时的杭州人，喜欢自然，顺应自然，尊重自然。我希望通过一心一意的手工制作，让服装回到它原本的质朴的魅力中。"所以汪丽静专注于棉、麻、真丝等天然材质，设计风格也潇洒飘逸，看起来文艺复古，款型以宽松为主。各种款式、衣料在一次次翻新中并没改变内涵，只是承合了时代的需求，映了当代茶人的心境——追求一种对身体没有束缚的舒适感，"让身心在美好的衣饰中获得久违的放松"。

所以她的设计也并不小众,适合很多人穿,"我们的想法很简单,希望能影响更多人关注和践行简朴自然的生活方式"。

身为热衷"新中式"原创设计的年轻设计师,汪丽静无意在都市华服的斑斓驳杂中画蛇添足,而是静静守着自己内心的"一方净土、一截时光"。

不急不厉,张弛有度
做一个淡淡的女子,不浮不躁,不争不抢

生活在杭州的汪丽静,过着跟我们同样的都市生活,但偏偏用一支"水彩笔",细致地勾画现代城市之外的清澈轮廓,也勾勒杭州女人的端庄与静美。她希望做一个淡淡的女子,不浮不躁,不争不抢;也希望可以引领写字楼中的我们,找寻那些隐匿在传统记忆之中的静美岁月。

她试图让"浮云堂"渗出些许细碎的光来,这些光,连起来,就成了岁月的故事。这故事,是汪静美的,也是每一个杭州女子的。

所以,她的设计作品有一种镜头感,时而给你远景,时而又拉近,令你觉得仿佛进入一个陌生而又熟悉的环境。

"不用心如止水,只希望心里有风景",穿上那些茶服,会带给你一种能量,可以让人在嘈杂心境中瞬间安静下来,温柔而有力。

"安居乐业"这四个字,很生动地体现在她的生活里,有一个祥和的家庭,先生是一位茶器设计师,也是带她真正融入茶生活的引路人。谈到

感情，她向往原始清净，守一不移。二人共同在西湖边开了一间茶书院，内设"琴、棋、书、画、诗、酒、茶"之风雅事，一副中国传统文人的生活腔调。

若有闲暇，她会跟随先生四处去学习茶道、插花，去远走四方。怀抱深爱，去深行，带着发现的眼光去融入每一个此时此地，欣然安住，一心专注……

而关于未来规划，无太多设想。由生命的河流载着走，安住做好当下的事情——以手传心，以衣载道，这也是她和她的浮云堂的梦想。

第四章

风尚名嘴

华少的非主流时尚经

文艺镜头

初识华少是在 2007 年，他曾是我在浙江卫视工作时的同事，那时的他刚刚从电台转型进入电视界，很快凭《娱乐财富》《男生女生》等节目迅速走红，成为当时综艺节目新人王，后来更是随着《中国好声音》的热播而火遍大江南北，被誉为"主持界第一快嘴""中国好舌头"。

几年后，我以报社记者的身份采访他，他坐在摄影棚，不忘把他刚刚推出的新书送给我，不忘推介经常光顾的几处潮店，不忘把自己车上摆置的狮子玩偶介绍给大家认识，莫失莫忘。

"写出来就是给大家看的，大家一起娱乐，然后大家一起讨论，多好。"那些年，随着《我爱记歌词》节目的火热升温，身为主持人的华少也掀起了主持生涯的第一次高峰，并撰写和推出了他的第一本书《我爱记歌词里的文学蜜饯》。

其实，这本书是颇具文采又甚爱琢磨的华少在后半夜"憋"出来的。

那些年，华少每天录完影回家都已经是后半夜了，他习惯在后半夜去琢磨歌词背后的那些故事，"既然流行歌曲的接受面那么广，歌词写作中的成败优劣，却一直没有得到及时和细致的分析评论，对于大众和文学，也未免是个缺憾"。华少总想做点什么，"一直憋着，想着也许憋着憋着就忘记了，可还是忘不掉，忘不掉怎么办？就写出来。有一种神秘的力量让你写，有时候，你甚至觉得自己不过是它的媒介……文字就是一个盒子，你可以把心里积攒的东西倒出来"。于是，经历了 N 个不眠之夜的思如泉涌，短短 5 个月的时间，就神奇般地诞生了这本"后半夜力作"。

华少当时撰写此书不图钱，不求利，不为炫耀文采，只希望自己后半夜的所作所为能带给读者愉快，"起码读了以后会觉得记歌词是一种享受，而不是像考试背书那么痛苦"。

生活镜头

"成熟而不乏幽默，搞笑却不失分寸"，这是华迷们对华少的评价。生活中的华少与荧幕上一样，既不无厘头地恶搞，也不拿腔拿调地端着。越来越贪恋读过的老书，只吃两三家小馆，一周两次，不醉不归。守着多年的好习惯，两周一次健身，不"汗"不归。下了舞台，他依然热衷于主持办公室的"头脑风暴"。走进饭堂，张罗着点菜、抢着买单的华少同样是"堂主"，这也正是这位本名胡乔华的小伙子被大伙唤作"华少"的由来——抢着买单的阔绰作风像极了富家少爷，熟稔一些的朋友更是称他"少爷"。

这样的"少爷"自然受人爱戴，特别是女粉丝。可华少冷静务实，像大多数人一样，毕业了，长大了，结婚了，做爸爸了。

风尚镜头

华少很早以前就有引领潮流的气场。N 年前与他共事时，曾暗喜可以每天在办公室欣赏他不一样的打扮，各种精致的衬衫、立体裁剪的裤子、改良版的西服、各色马甲、领带，或者不一样的 Cap 帽、牛仔裤……很少见他穿呆板的服装，在搭配方面，华少总有些别具一格的小心思——今天是仪表堂堂的大少爷，明天是青春飞扬的街头少年，后天又变回挺拔利索的商务精英。不是流行什么穿什么，而是穿什么流行什么！

把一样的衣服穿出不一样的味道来，就是华少对时尚的理解，而他的时尚领路人竟然是他的父亲。身为工薪阶层却喜爱穿西装、系领巾的父亲，是华少幼时模仿的对象。早在读中学时，他就喜欢与父亲换着穿衣服，小男生总希望在爸爸的西装上找到成熟感，而历经沧桑的父亲也可以在儿子的运动服上找回年轻的气质。有时，时代与年龄的冲撞可以演绎新的时尚，华少懂得这个道理，而他与父亲互换衣装的习惯也一直延续至今，他将父亲誉为"全杭最 high 的老年人"。

华少的另一时尚启蒙是卡通漫画书，就是被漫画里人物身上那些漂亮的装备吸引，他才开始乐此不疲地买漫画书看，从幼年时看的《七龙珠》到成年后买的《死神》，他家里至今已收藏了二三十套完整系列的漫画书。

太太也是华少时尚智囊团中的成员，生活中他还经常拖着夫人一起逛街买东西，热衷于为夫人选衣服，也接受夫人改造自己。"我要灰的，你说白的好，白的就白的，可你别给我黄的。"华少对自己的装扮有底线，可以不是大牌，但一定要有意思。

娱乐主播陈欢的时尚守则

陈欢不喜欢按常理出牌，却擅长归纳，把自己的诙谐幽默流露在镜头前，书生意气藏在书页里，干练精明收拾在幕后策划人的黑西装里，聪明耍宝则留在领口的蝴蝶结上。让每种欲望都各归其位，与自己和平相处，与生活握手言欢。

幽默超常生

认识陈欢是在 2008 年，当时的他，爱笑，笑起来略带孩子气，戴黑框眼镜，仔细一看：没镜片！赶紧解释不是为拗造型，而是高度近视，八百度的镜片总和镜头"打架"，无奈换上隐形眼镜，却摘不掉戴了十多年的镜框，原因是"不戴眼镜就像没穿裤子一样没有安全感"。

第一次见他时，他的黑西装里面穿了件熊猫 T 恤，还配了马甲和领带，走近一看：其实就是一件印上马甲、领带和熊猫图案的 T 恤！然后他一本正经地说："买一件衣服就什么都有了，多划算啊！"脱掉外套正准备展示的时候，突然从外套里掉出一个大大的灯泡，定睛一看：汽车钥匙扣。

好吧，幽默搞怪就是他的时尚守则。

转眼数载，如今的陈欢，乃浙江卫视当红小生。幽默，是主持人的专修课，却不可说是必修课，所以，能"幽好默"就是多修了学分的优等生。如此算来，陈欢可算是超常生了。

导游出身的他，在 2006 年误打误撞进入主持界，开始靠嘴皮子吃"开口饭"。后来在央视的《挑战主持人》比赛中取得了不错的名次，正在为自己有机会进入凤凰卫视而优哉游哉时，一不小心失业了。后来总算有个伯乐"识货"，于是被浙江影视娱乐频道的制片人胡振鹏收留了。是金子在哪儿都会发光，陈某人这枚金子，只要给个露脸的机会就一发不可收。从当年影视频道的《娱乐高八度》到如今自己独挑大梁，他曾主持了四季《中国梦想秀》以及两档收视冠军节目《谁是大歌神》《来吧冠军》，搭档杨澜主持的两季《你好生活家》，还获得全国综艺节目主持播报类一等奖。机智张扬的陈欢在镜头前从不惺惺作态，总是用幽默不失分寸的言语，让观众得到真正的娱乐。他逐渐占领了本土综艺娱乐节目的一席之地，用自己独特的方式带给别人欢乐。欢迷的队伍也渐渐壮大，观众吃他这口儿，就喜欢品尝这颗爱搞怪、爱耍宝的"开心果"。为了配合节目宣传，欢仔还曾经被栏目组制作成各种可爱的卡通形象：梦幻神奇的哆啦 A 梦，可爱搞怪的蜡笔小新，冷静机智的侦探柯南，重拳出击的圣斗士星矢……

跨界"歌王"

生活中的陈欢酷爱音乐，他还把爱好玩成了专业。跨界成为一名原创音乐人，第一首由他自己作词的原创曲目，成为电视剧《深夜食堂》片尾曲。曾和海鸣威合唱的单曲《美女蛇》，荣登各大音乐榜单。

2019年，陈欢与另外两名同为82年的音乐人一起，带着"认真＋天真＋笃定＋不羁"的特质与心声成立新都市型格乐队"不算太老男人"。他们因为同样热爱音乐走到一起，创作出根植于现代城市气质的作品，并推出乐队同名单曲《不算太老男人》，还参加KML.原创音乐大赛，获得八强。《诗·歌·JI》是陈欢的首张原创EP，这张作品分成了三个部分：首先是"诗"，陈欢一直有码字的习惯，情绪会突然地被触动，留下的文字整理下来有三十几篇，遴选了其中若干首。其次是"歌"，从小就莫名热爱音乐却没机会接受专业学习的陈欢，终于在奔四之际接触了吉他，天资愚钝每日爬格子，将之前的诗挑选其三作曲，尝试用吉他和弦，先有文字再谱出了曲，盼词能动心扉，望曲能抒胸臆。最后是"JI"，吉他的"吉"，由诗变歌是通过吉他，那是他学的第一样乐器；也是合集的"集"，除了作词作曲的三首歌，也收录和优秀音乐人的合作曲目，一切因为音乐汇集而成；当然也是专辑的"辑"，作品回归音乐本身，创作者陈欢本人便是"让兴趣变成爱好，将爱好融入生活"的最佳演绎者。

"1天换3套"的时装"痴"

陈欢是"宁可食无肉，不可居无竹"的最佳演绎者。他食量不大，对饮食也没那么多讲究。上学时就爱买衣服，购衣资金都是从父母给的饭钱里省出来的。他开玩笑地说，刚出道时那么瘦，八成是给饿出来的。

他的潮生活就是拍片和逛街，工作之外的大部分剩余时间，他毫不吝啬地捐献给了逛街购物，以"扫荡"时装店为主。紧跟潮流的陈欢还创立了自己的潮牌。他身边的助理投诉，从没见过如此爱逛街的男人。除了贵为Y3、Diesel、5CM、速写（江南布衣男装）等品牌的VIP外，一些风格独特的街头潮铺也是他的主要目标地，甚至还有北京、广州等地著名的服装批发市场，在那里他总能淘出很多倍有范儿的东西。他有在首尔东大门附近的批发市场逛上一整天的经历，也有从广州批发市场淘西装的事迹，四季青里挖到的宝贝就更多了。各路达人们请注意，能在一堆廉价货里淘到兼具品质和美观的东西才是当下潮人的最高境界，"进入一家LV店，被热情的销售人员从头到脚包装后光鲜亮丽地走出来，是感觉不到这种淘宝乐趣的"。

除了时装店，陈欢的身影还时常出没于各种创意家居店。淘各种有趣的家居品，也是陈欢的一大嗜好。卧室里摆着各种星光灯，晚上可以躺在床上看星星；每个房间的门口都挂着小黑板，经常自己给自己留言；各种各样的蜡烛台，一买就是一大堆，把自己家里布置得同样有趣。原因是他恋家，天秤座极少出产宅男，陈欢却是这样一异数。他不贪玩，工作完，逛街累了，就窝在家里看书、听音乐。看书经常看到忘我，他说是因为上学时不爱读书，所以现在恶补。

陈欢的家里有四个鞋柜，走入式衣橱占领了一整面墙，这还不算存放在台里的出镜装，每月在置衣方面的花费都不菲，即使不录节目，一天换三套衣服也是常有的事。当你认定他是一枚不折不扣的时装痴的时候，他会理直气壮地陈述：这是对观众审美负责的一种物质付出。

美食主播黄晨昕的点菜经

看一些美女私房菜、时尚生活栏目，是一种美的诱惑，时尚达人把这种体验当作一种生活品质的鉴定。而在杭州的写字楼里，每天的午饭时间通常就是许多办公室女人们叽里呱啦地开始交流昨晚看《生活大参考》体会的开心时刻。黄晨昕的《生活大参考》里没有光鲜的餐具和环境，也没有九层塔、鹰嘴豆等好听不好吃的菜肴，也不会带大家去装修瑰丽的主题餐馆踩点，但她依然成了办公室女人们信奉的宝典。就好像虽然不是带着明星气质的美女主播，但节目里亲切可人的"酒窝"美女黄晨昕，渐渐成了杭州观众最喜爱的"邻家小妹"。

杭州三套"一姐"最怕臭豆腐

在《生活大参考》节目里，晨昕最爱的始终是美食版块，每天带着大家一起搜美食、尝美食、评美食，对她来说是件过瘾的事儿！而这个"喜欢看美食是怎样做成"的主妇帮手黄小妹，自然也是个名副其实的馋嘴"吃客"。爱尝鲜的她甚至愿意开车从滨江到城西、穿越大半个城市去一家可能连位子都抢不到的小店里喝一碗粥。

多年来，小妹"吃"心不改，走遍了杭城的大街小巷，也造访了不少国内的美食胜地，积累了大量美食信息，成了一张"美食活地图"。可爱酒窝中间的那张灵活的嘴巴，不仅吃遍了全城的美味佳肴，还在张合之间，把生活窍门就着酸甜苦辣，娓娓道来。无论是大酒店里的一桌全蟹宴，还是街头小摊上的一只葱包桧，让小妹可爱的嘴巴一说，那个香、那个美，由不得人不神往。

但美食名嘴并不一定等于巧妇，晨昕自称"爱吃不爱做"。这么多年品尝下来，值得推荐的，她一定大声嚷出，"哇！晨昕要介绍给你……"吃透全城，对于某些动物器官或特殊气味的食物，她还是无法接受，特别是被她称作"化学武器"的臭豆腐，"这时我就会告诉观众，每个人口味不同"。

对晨昕来说，美食的境界，不是像烹饪大赛那样的原料堆砌，也不是刀叉满天飞的技巧，而是走进百姓家的厨房，看着那些主妇、煮夫们，让平凡的原料活起来，变得活色生香。她自知自己没有那等本事，只好走进人家的厨房看看热闹！

她也借录节目之便，掌握了不少像"面粉洗葡萄""矿泉水瓶分离蛋清法"等简单但神奇受用的厨房小妙招，甚至得到一些大厨不传的厨房秘籍，偶尔也会"手痒痒"地回家"露一手"，但观赏胜果腹。毕竟"下厨"与"品尝"相比，后者的魅力对晨昕来说实在大之又大！

点菜达人 + "蹭饭" 达人

现实版的黄小妹是个喜欢钻研菜单的"点菜达人",朋友圈只要聚众吃饭,都想捎上她,不为别的,只为卸下点菜大任。顶着"美食家"名头的人点的菜,即使上了一桌豆腐,大家也觉得说不定其中有深意,谁敢质疑呢?

但她说要成为点菜达人可不是件容易的事,就跟一朝一夕不能成为厨神一样,菜不是眼一睁一闭就点好了!这绝对是个系统工程,既要考虑一桌客人的文化构成、年龄搭配,又要考虑市面上的美食流行趋势、这家饭店的特色,到了现场要"迅速扫视"全场桌面,借鉴那些"出镜率"高的……"不仅要食客们吃得满意,还要让买单的付得爽快,这里头的学问很深!"晨昕确实有两下子,即便是去人均消费五六百元的高档餐厅,经她慧眼点出来的一桌子美味,也通常比别人便宜三分之一。

其实除了点菜,晨昕还是个"蹭饭达人"。

童年在福州度过的晨昕,自小便是个吃着百家饭长大的"蹭饭高手"。嘴巴超馋,嗅觉的灵敏度也比常人略高一筹,一到饭点儿她就往院子里跑,闻到哪家的饭香就往哪家钻,永远觉得"别家的饭比自家香","只不过如今离乡背井了,才开始怀念'妈妈菜'的味道"。

这项"蹭饭"的技艺被晨昕保持至今,经常买一些自己爱吃的新鲜食材作为"礼物"往厨艺高超的朋友家里送,然后就借机品尝一下主人的厨艺是否有所长进。她也常在录完节目后,待在某位烹饪高手的家里不肯走,非要熬到饭点"假装"盛情难却地留下蹭饭。"有时候，观众在自家厨房烧的菜，味道真的比酒店里面大厨烧的还赞，那是一种花钱也吃不到的享受！"而身为生活智多星的晨昕，自己也很喜欢与别人分享自己所学所知的生活妙招，"分享是一种美德！"所以，记得下次这个小馋嘴造访你家时，与她分享你的拿手好菜，毕竟"独乐乐不如众乐乐"嘛！

洒脱伊一最爱帅气路线

17 岁进入浙江教育科技频道，加入《美丽 A 计划》Beauty4 主持群，先后成为浙江广电集团"阳光七星"和 80 后主持群"青春力量"中的一员……2010 年 8 月加盟浙江卫视，正式成为"中国蓝"的一分子，迅速凭借《冲关我最棒》《麦霸英雄汇》等综艺节目被观众熟知，渐渐成长为浙江卫视综艺主持人中一颗闪亮的新星。伊一作为浙江卫视新生代人气美女主播的代表，轻而易举抓住了观众的心。

第一次采访伊一是在 2012 年，在第一印象中觉得她是个美得冒泡的卡哇伊小甜姐，不仅私房"臭美"秘籍一箩筐，还敢说敢现，不怕耍宝。当时的伊一与更生、李晨、林杰妮等搭档，一起玩转浙江卫视中国蓝联手韩国达人秀节目打造的《天下达人秀》，后来很快凭借浙江卫视的平台，一步步地让观众认识她。

被"捡"回去的"Angel 主播"

伊一的主持生涯开始于第一届中国电视观众节，自从当年被《美丽 A

计划》的导演张捷从吴山广场"捡"了回去，年仅 17 岁的她便顺利进入了这个妙语连珠的行业。作为 Beauty4 中年龄最小、胆子最大、口才了得的可爱女主持，伊一很快轻车熟路，体内强大的小宇宙开始酝酿爆发。

大学毕业时，当同龄的"准 90 后"即将成为职场"新鲜人"的时候，1989 年生的伊一已经在社会最光鲜的舞台打拼超过 4 年。但当她谈起自己深爱的主持行业，还是会像冲动少年那样直截了当、不管不顾，仿佛忘掉了多年的修炼。这时，你不免会惊讶她还未被磨掉的棱角。这个许多观众心中的 Angel 主播，说的、想的、做的，都如此干净单纯。

湘妹子，人气旺

从小在湖南长大的伊一，典型的辣妹子，镜头面前伶牙俐齿，不加任何修饰，真实、自然。狮子座的她性格上绝对是霸气十足、人气爆棚，除了美貌外，就是这股天不怕地不怕的劲头！《麦霸英雄汇》里敢秀敢唱，《越跳越美丽》里的舞姿更是性感热辣。短短半年不到，伊一就凭借着活泼爱笑和亦庄亦谐的主持风格，为自己聚敛了大量人气，受到了广大粉丝们"长相漂亮，古灵精怪"的一致好评。

有一次她去外地做活动，在户外接近零下的温度里，穿着单薄的礼服，一个宁波姑娘怕她冻着，给她买来一个杯子装满热水让她暖手，并不停地为她换上新的热水，直到活动结束也迟迟不愿离去。春节归来，很多家在外地的同事都从老家带土特产给她品尝。这种"伊一现象"可谓一时奇观，也为伊一带来一种"惶恐"的喜悦，"喜悦的是大家的认可，惶恐的是觉得自己所做的还远远不够，不足以承受那么多的关心"。

"偷师"前辈学秘籍

能走上浙江卫视的舞台，对于年轻主持人来说应该是一个标志，难怪伊一百感交集，能和自己仰慕尊敬的前辈同台主持，可谓学到了很多东西。

"朱丹姐就像一位亲近可爱的大姐姐，总会在你失落、彷徨的时候走过来亲切地微笑、亲切地鼓励，总有一种春风化雨的魅力。有一次跳舞出现了一点小失误，暗自懊悔的时候，朱丹姐过来和我说：电视本来就是遗憾的艺术，谁不会犯一点错误呢，过去的就让它过去吧，争取下次做好。"这段话令伊一铭记至今，时刻提醒自己。

她也感受到了华少的事事用心、亲力亲为，特别是会参与节目的前期策划、帮助现场导演调动全场以及分析节目的专业态度。同样学习到了左岩的机智幽默、沈涛的从容自如和薇薇的专心致志。

不过，伊一坦言，对自己影响最大的前辈始终是《美丽A计划》的制片人捷哥，因为他不仅是自己的伯乐，还会在颁奖晚会结束后细心地帮自己指出可以改进的地方，醍醐灌顶，令她受益匪浅。"没有他，我现在可能还只是刚刚从学校毕业的黄毛丫头，正在彷徨着人生的方向。"

最爱小店淘大耳环

生活中的伊一也像主持节目的时候一样妙语连珠，说起话来滔滔不绝，生动谐趣。压力大的时候会选择逛街购物。当然，性格洒脱的伊一喜欢随性买东西，所以打扮也很随性，不刻意追求风格，但坚决不走可爱风，特别排斥那种粉嘟嘟的衣服。

她最爱淘小饰品，特别是耳环，若是心头好，马上拿下！光耳环她就囤了近 50 副，可能随时钻进一个小店就会淘出几副。伊一觉得耳环让她有"精心打扮过"的良好感觉。她家里的首饰架上摆满了各式耳环，甜美的、简单的、水晶的……每一款在她眼中都相当有"魔力"，可以灵活搭配：个性大耳环让她在 party 上吸引注意力，精巧小耳环让她在宴会上高贵大方，水晶耳环让她在舞台上星光闪闪。

由于做主持人要时刻更新衣橱，带一点 Blingbling 元素的大耳环就成了伊一在面对一橱旧时装时的"救命稻草"。在伊一眼中，那些大耳环不仅能起到"更新"时装的作用，也为整体造型的搭配注入了玩乐般的趣味和新鲜感，至少那些穿腻了、半新不旧的衣服仍然能有些新潮的意思。

寡言男人"让音乐说话"

向左听，向右听

好的音乐可以是一次旅行，可以是一首歌、一段舞曲、一场 party，又或者是一次节目。

DJ 家伟是你不知不觉中跟随的人，每个黄昏时分，在黑夜与白天的交汇点，他和他的电台音乐节目《最佳享受》会带领我们选择自己心灵的方向。他会在途中一直引领着你向前、向左、向右，然后再向前，带下班路上的你我寻找城市浮华喧闹后的一刻心灵放松。

每天下班回家的高峰期，看着塞得满满一马路的车，可以静静坐在自己的爱车里聆听他带给我们的高品位音乐。等红灯的烦躁，刺耳的喇叭声，统统都被抛到外太空，有很多不同的风景、家伟富有磁性的声音以及变化无穷的舞曲，你需要做的就是跟随。因为对于家伟来说，音乐，永远在路上。正在移动的汽车车厢，是他最喜爱的音乐空间：窗外不一样的风景，耳畔不一样的音乐，在这个流动空间内绘就了不一样的心情。

高品位世界音乐"传教士"

家伟的职业江湖路线图比较难绘制，一直在变，起点是空少。空少家伟出于"喜欢音乐"的简单理由，周末会在文艺台兼职做午间音乐节目。两年后，他进入杭州某著名夜店做策划总监，长达 7 年。"夜店 DJ"，也一度成为他最广为流传的身份。2000 年，他正式进入音乐调频做主持人。十余年音乐传播历程，曾经做过许多不同风格的节目，而除了音乐节目主持人、派对上的唱片骑士这两个主要身份，伴随的还有策展、派对策划、平面设计、时装秀音控等身份，每一项工作都做得相当专业。"我是谁"，这是家伟一直在思考的一个问题。而他到目前为止的职业生涯，似乎是在寻求商业和艺术间的平衡。

如今的家伟，已然是位很有腔调的电台主持人，负责营造轻松跃动、雅致入味的音乐氛围。十多年来他更像一名音乐传教士，在他的领地——动听 968，放最有品位的音乐舞曲，而他的声音也充满了温柔的召唤。他和他的《最佳享受》曾被称为生活在杭州人士了解"世界高品位音乐"的一扇窗，更被他的听众们赞誉为"这个城市最高雅音乐符号"。驰放、沙发、蓝调、爵士……不同风格舞曲构成了他节目的主体。听众们喜欢他带来的美妙旋律，也爱他的随性，即便说话慵懒，也觉得那是随意、自然。而他本人也成了各路音乐爱好者的指南，他家的唱片和他的音乐品位一样让人嫉妒。许多人都把家伟的节目录下来，那是最好的粮食！

寡言男人"让音乐说话"

外表和声音给了他年轻的表象，而阅历和才华赋予了他很多这个年纪男人所没有的魅力。

过了 40 岁，他不再喜欢往自己身上贴标签，但他还是强调自己是"三不主义"男人："不累""不刻意""不勉强"，这也是他经营节目、经营人生的准则。

电台 DJ 是他的官方身份。做电台 DJ 有几个层次，第一个是"你放观众要求你放的音乐"；第二个是"你放你能放的音乐"；第三个是"你想放什么音乐就放什么音乐"；最后一个层次是"你就是你放的音乐"。家伟属于后者。

他做的节目，应该是他的音乐日记。他的秘密是每次从自己最近喜欢的音乐开始，让它们成为我们今晚共同的起点。然后循着轨迹前行，在他的音乐记忆中摸索。

他的主持风格，用优雅中的小资来形容再恰当不过了，少了很多浮躁，多了几许小资的味道。而他的声音很清澈，不矫揉造作，没有一般男声的粗糙和沧桑，却有着一分温柔与细腻，让回家的人们听得很舒服。家伟的声音永远都是一副把自己抽离在旁，不紧不慢，娓娓道来的样子。在一个party 上，一个听众过来对家伟说特别喜欢他的声音，家伟说"不是我的声音好听，是因为我放的音乐。音乐都那么好听，我怎么可能会发出一个难听的声音呢？"

寡言是他的风格。听有家伟的节目，感觉他的话很少，他为自己找了个借口——"让音乐说话"。因为这么好的音乐，已经替他说出了所有的秘密！

充当设计师的耳朵，音乐是时装秀的精神

电波媒介以外，家伟还负责为美得窒息的时装大秀注射音乐欲望，或者为品位独具的建筑空间移植音乐内涵。这些年来，时装秀音控和派对DJ是与他的电台生活并行的一条线。一开始只管放音乐，后来开始组织筹划活动，现在已然是一位城中颇具名气的时尚策划人，与高级珠宝以及时装品牌也有深度合作。

坐在面对T台的后场高台上的家伟，戴着耳机，面对一台电脑，在暗影里工作，很酷，也很不被人注意。"一场show的音乐和导演编排对于一场秀好不好看，能否准确传递出服装的精神，是那画龙点睛的一笔。"家伟这样说，"音乐给了服装灵魂。"

"我们是设计师的耳朵，他们可能没有时间来听那么多的音乐，我们来听，来采集，来筛选。"所以，家伟的"收藏"有5千张之多。

除了听大量的音乐做储备外，做一场秀，当然少不了与设计师打交道。家伟说："好的服装设计师对灯光、对音乐一定要有感觉。看设计师大赛，我不看选手作品，光听选手们选的音乐，就知道他在什么样的档次。"

家伟最欣赏的服装设计师是KarlLagerfeld，"他为Chanel所作的第一场秀，将音乐运用到了极致。他用《春之祭》作为现代音乐的开篇，既

传递了 Chanel 的历史底蕴，又提点了那一段陈年往事，其江湖地位不输 CocoChanel 对服装所做的贡献"。每次受邀看秀，T 台上的音乐往往比时装更让家伟着迷："音乐是将服装带离庸碌日常最直接有效的手段，T 台音乐帮助我将频道调整到设计师哲学与美学的层面。"

风尚名片

李悦丨浙江电视台民生休闲频道主持人

每天过周末，快乐是第一

这个顽童老爸说，对于自己的孩子，他选择放宽尺度。"如果是他自己做的决定，我可以允许他在生活中穿低裆裤、把头发染得花花绿绿。甚至有一天儿子告诉我他早恋了，我也会开玩笑地对他说'介绍给爸爸认识吧'，呵呵。"

世上不只妈妈好，父爱教育也离不了

从浙江广电集团十佳优秀主持人，到先进工作者、广电集团阳光七星之一，再到如今的新闻主播、"亲子专业户"……浙江最火的亲子竞技节目《我老爸最棒》见证了主持人李悦从帅气青年到成熟父亲的历练和蜕变。

这个节目为他带来了太多的快乐和感动。他无法忘记调皮的孩子们对他做的一个个可爱的鬼脸，不能忘记天真的孩子们向他索要的每一个拥抱，清晰地记得爸爸们和他聊起孩子时那些幸福和骄傲的表情，更加难忘有多少个勇敢的小男孩、小女孩认他做"干爸爸"……

如今的李悦，已经是一个6岁多小男孩的爸爸，他对于养儿这项"技术活"甘之如饴。他知道"老爸"这门课学海无涯，门道多多，也深谙"世上不只妈妈好，父爱教育离不了"这个道理。

让他明白这个道理的父亲太多了，"比如我们节目中有位忠实粉丝，我们叫他'大头老爸'。起初，我们不懂为什么他的女儿总是那么开心、爱笑。后来我们发现这个父亲每次一上场就非常有张力，舞台上像个疯子一样，做什么事都很有信心。无论是淘汰还是成功，都用尽全力，而且时时刻刻都在笑，为别人加油，也为自己加油，永远传递给女儿一种正能量，让女儿成长在一种开心的氛围里"。

所以，李悦觉得，父亲给孩子的影响是潜移默化的，身为父亲，不必告诉儿子怎么生活，只需以身作则。父亲的身份对他而言不是单纯的血脉延续，更是一种承担、一种乐趣。

儿子取名"李拜天"，天天都过星期天

之所以为儿子取名"李拜天"，是儿子的到来给李悦带来了太多的幸福与欢乐，他希望今后儿子可以为更多人传递一种轻松愉悦的精神，更希望儿子未来可以生活得快乐，天天都过星期天。

"虽然在你出生的这个时代，家家的孩子都在琴棋书画，武术散打，街舞朗诵，英语奥数，什么都学。我很反对，因为那样你就没有时间玩耍，所以我强烈建议你妈妈，不让你学那么多东西。如果你现在真的什么都没有学，而且很快乐，记得感谢我……"这是李悦"写给我五年后的儿子"

中的一段话。

"作为被'望子成龙'的一代，我小时候太要强，要努力读书，要让爸妈自豪、骄傲，要所有人都喜欢自己，要为家里赚钱，要出人头地，要当仁不让，要做明星，要在杭州买房子……爸爸很累了。"现在轮到孩子，李悦不想儿子重蹈覆辙，只希望他快乐成长，过自食其力的简单生活就行，其他一切顺势而为概不强求。

所以，李悦根本不打算让儿子学习任何他不感兴趣的东西，至于培养孩子上名校、考公务员、赚大钱等很多80后父母的"终极愿望"，对李悦来说，统统都是浮云。他不觉得做神童有什么好，也不要求孩子哪方面必须要有特别突出的成就。在李悦的育儿计划中，孩子的个人爱好是他教育儿子的第一标准。他衷心希望孩子做一个快乐的人，也能给别人带去快乐。

相信孩子，学会"放手"

作为《我老爸最棒》节目的主持人，笑容可掬、颇有男儿气度的李悦是许多孩子心中的偶像，孩子们快乐的情绪和欢呼呐喊声，爸爸们的勇气，让李悦重温了童年的快乐。比如有期节目，他使劲克服自己的恐高心理，帮一个小女孩完成半空中的游戏任务，小女孩认他做了"干爸爸"。而经常能接触到形形色色家庭的他，也从中获取了不少当爸爸的经验，比如"放手"。

有一次，一组家庭闯关时突然下起了大雨，李悦看到一个5岁的小男孩迎着风雨呐喊着往前冲，孩子跌倒了，爸爸冲上去一边喊加油、一边搀扶他继续往前走。这个时候，李悦明白，不是孩子不勇敢，而是家长不放手。"有些孩子胆小怕事，缺少勇敢精神，一个很重要的原因，就是家长对孩子过于溺爱和保护，担心孩子受委屈、受伤害。'初生牛犊不怕虎'，孩子很小的时候是不知道害怕的，家长应该鼓励他勇敢，特别是父亲，当孩子遇到困难时，能鼓励他去战胜困难。"

风尚
伊人

80 后姑娘在 27 岁那年接管了 35 亿元资产的跨国集团！

她是个典型的杭州美女，皮肤白皙、笑容甜美、个性温和。

她是成长于显赫时装家庭的"时尚公主"。父亲是时尚界举足轻重的人物，从小在设计、创意、零售氛围中长大的她，对时尚拥有独到的见解。

她是拥有开放式思维的 80 后女孩，拥有一段国际化的求学经历，培养了放眼世界的国际观。

她是充满梦想的新一代家族产业继承人，接管拥有 35 亿元资产的服装产业跨国集团，带领 5000 名员工，挑起为中国自主品牌重新规划形象与地位的重大责任。

她是中国设计新势力的幕后推手，为了鼓励年轻设计师、延续父亲遗愿，坚持为世界各地的年轻设计师提供互相交流的平台，一如既往地支持中国原创力量。

她要构建的，是一个庞大的时尚王国。

她说，我们要让世界来设计中国！

"为中国时尚产业做一点贡献"，是她一生的使命。

时间将会证明她能否改变当代中国的时装面貌。

20 岁出头的她，人生已在另一个高度

一身浅咖色风衣的高敏，展开她的招牌式甜美笑容，看起来一点都不像统领着 35 亿元资产的跨国集团总裁，反倒像个青春无敌、讨人喜欢的姑娘。然而一旦开始谈论自己的事业，她便流露出超乎年龄的对商业世界的敏感与成熟理解。

身为 80 后，高敏的人生似乎一直在狂按快进键。从 14 岁开始，她便出去闯世界，面对未知的东西，开始独立思考。在还是 babyface 时，口头禅却是"在我年轻的时候"；20 岁出头，便开始和父亲交流企业发展和品牌运作等"专业"话题；还在读大三的她，考虑的是"如何影响下一代的时尚"，那时候她说自己的当务之急是"能为中国时尚产业做些什么"；而到了 27 岁，她就必须在董事会上与一众叔伯辈人物开会讨论集团未来的方向，她坦言当时历练尚浅，曾经心虚过，也明白面对巨大的压力，必须迅速成长。

身为年轻的企业家，高敏常有机会与世界各地时尚界高层人士接触，往往会从这些叔辈人物身上偷师，她拥有一套与这些日理万机的大老板们融洽相处的秘诀，"其实和他们聊天并不难，只要大胆多问几个问题，不要不懂装懂，他们都会很乐意与你交谈"。

身为站在与同龄女孩不同起跑点上的天之骄女，高敏比同龄人更快地接近成功，更早地涉足名利，更广地接触社会的各个维度和层面。也因此，

比同龄人更早地经受现实教育，更多地体验压力和重创，更直接地面对各种赞誉、挑战、诱惑。

作为一个"早熟"的年轻人，高敏希望和同龄人分享的经验是：保持思考，并通过思考来保持清醒，不要懒惰，不能放弃。

传承父辈创业精神，做中国时尚界的翘楚

高敏的偶像是他的父亲高志伟，汉帛国际的创始人，一位曾经在中国时尚界举足轻重的人物。

在她眼中，父亲是传统企业家的代表。"我从小看着父亲用勤奋和努力苦出头，看他用煤球生火煮饭，用两盆水洗完一个澡。"一间屋子，三个人挤一张床的生活伴随了高敏整整一个童年，除夕陪着父亲去厂里值班的经历也给她烙下了深深的痕迹。所以，她比同龄孩子更早地理解勤奋的意义。

2011 年，高志伟突发心脏病去世。"父亲走后，就像一棵大树倒下了。"高敏说自己不像原来那样可以在大树下乘凉，"爱一个人就要爱他的梦想"，父亲留给了她梦想得以坚持的最大动力，"我希望将他的精神传承"。

从那时起，"汉帛"对高敏而言，真正从"爸爸的江山"成为"我的使命"。她从父亲手里接过这根接力棒，掌管汉帛集团品牌体系，面对欧洲品牌进军中国市场的冲击，她挑起为中国自主品牌重新规划形象与地位的重大责任。

"汉帛国际已经过了 20 周年，我们究竟能为中国时尚产业贡献些什

么？我想和父亲一样为这个答案而努力，这是我一生的使命。"这几年来，高敏一直在努力为汉帛寻找更适合与国际接轨的道路。

信心满满的她说："我们不求未来汉帛做中国的 NO.1，但我希望它能成为中国时尚界影响力最大的品牌。"

一如既往支持本土原创力量，让世界来设计中国！

高敏想要构建的，是一个庞大的时尚王国。

"时装伴随着我成长，我对它们常有一种依恋。"正是由于从小跟在父亲身边耳濡目染，她在执掌庞大的时尚集团之后才如鱼得水。在她看来，"时尚是说生活的"，呈现出来的内容不限于服饰，还有人们的想法。抱着对时尚的理解，高敏不断挑战创意，推动中国原创梦想的未来。

其中包括她在 2008 年刚回国时独立创建的 ARRTCO—— 一个大力赞赏中国原创设计师的品牌。她将中国新一代服装设计师的作品汇聚于此，同时，融汇了音乐、文学等多种艺术于一体。高敏希望这个年轻品牌成为一个为中国年轻人发声的、有爆发力的本土品牌。

她还继承了父亲的使命，一如既往地支持原创力量，坚持每年在中国国际时装周主办"汉帛奖"中国国际青年设计师时装作品大赛，她说"这个'奖'我会做一辈子"。一路走来，高敏一直在帮助中国设计师，给予他们更大的舞台和机会。她还曾递交了一个改革方案给中国服装设计师协会，重点是把青年设计师作品真正引入商业市场。正如她那句豪迈的话，"让世界来设计中国！"

作为"80后"母亲，她提倡做孩子的教育者

工作并非高敏人生的全部。

这位女总裁坦言自己的事业心很重，但并非不知疲倦的工作狂，她很善于安排自己的时间，尽量准时下班，到了周末会把手机统统关掉，不受打扰地充分享受闲暇的休息时间。身为老板，她还会督促下属员工不要加班。

生活中的高敏，还有一个身份——一双子女的母亲，一边是两个孩子，一边是一家大型集团公司。除了工作，她还要分配时间给家庭。

当我们谈到关于孩子未来教育的时候，她总能说出许多想法。她认为80后的母亲比较追崇独立，前几代人总是把孩子包裹得很好，担心孩子受到伤害，但对于孩子来说这个世界是新鲜的、好奇的，他们有强烈的探索欲望，所以要相信孩子。

"我不会单纯意义上帮他们做这做那，我希望教会他们独立地行走、奔跑、上下楼梯，自己穿、脱衣服，清楚地表达自己。所有这一切都是'自立教育'的一部分。"高敏觉得，身为母亲她应该充当的角色是教育者。

风尚名片

流潋紫（本名：吴雪岚）|《后宫·甄嬛传》《如懿传》作者、编剧，杭州作家协会成员，杭州江南实验学校教师

"后宫"背后的美丽人生
写机智危险的字，做平凡简单的人

一时兴起

大三女生"一时兴起",造就后宫小说巅峰之作,从点击量过千万,到图书销量破百万,再到收视率第一。"雍正很忙"的时代,有网友评论《甄嬛传》是"宫斗中的战斗机"。

女人之间的投毒、诬蔑、争宠,封建皇权时代的尔虞我诈、机关算尽,作品中女人恶斗、毒辣的生存哲学,让人心惊。而更令人惊讶的是,最阴险的后宫竟然孕育于最平静的校园,如此老辣的故事竟出自一个单纯的大学女生笔下。

在书中设计重重圈套的,就是生活在杭州的80后女作家流潋紫。这个让无数观众唏嘘不已的后宫故事,仅仅缘于她的一时兴起。写《后宫·甄嬛传》时,她正在读大三,因为寒假无聊,看完《金枝欲孽》又觉得不过瘾,于是就着笔写了起来。流潋紫说这是自己第一次写小说,起初只是在网络上连载,本来打算十万字就打住,后来完全是被读者逼着写下去的。"有个孕妇天天穿着防辐射服看更新，后来她小孩都生出来了我还在写啊写。"
就这样一写就是五年，七卷大书、洋洋百万言，化为76集的欢笑和血泪。

而流潋紫本人也因这部小说而名动网络，拥有众多自称"紫薯"的粉丝，
还亲自担纲同名电视连续剧的编剧，被誉为知名新生代编剧、浙江80后
作家群的领军人物之一。

简单生活

做平凡简单的人，写机智危险的字。

和小说里风起云涌、悬念丛生的故事情节不一样，流潋紫在杭州的生
活过得波澜不惊、细水长流。

和大多80后女生一样，她迷港剧，追韩星，袋子里总放一管口红，
有那么一点点宅，宅在家里查阅历史书籍、读野史趣闻、看悬疑小说，宅
在家里追看TVB剧集，还是蔡少芬的超级粉丝，曾经最大的心愿是当娱记，
就连甄嬛的名字也来自蔡少芬扮演的甄宓。

偶尔约上三五姐妹在玉皇山脚的"枫野绿"喝了咖啡，在满觉陇的"桂
语山房"品了禅茶，在滨江的"池畔"吃了咖喱，又回到平静的课堂上教书……
外界热闹的声音，并没有影响她平静的生活和平凡的身份，"当我关上电
脑一切各归各位，每天还是批作业上课"。在杭州江南实验学校官方网站"教
师风采"一栏中，她被评为"最受学生喜欢的老师"，学生满意率百分之百，
这对她来说比拿了丰厚的稿酬更高兴，因为"孩子们的心是最纯真的"。

简单、随和、平凡，是她给人的第一印象，直接而深刻。老练、功利，

这些词在她身上找不到丝毫痕迹,你会严重怀疑那些性格阴沉、城府很深的人,是不是真的由眼前的这个清秀女子写出来的。而说起作品中那些机关算尽的毒辣争斗,笑称"迷野史"的流潋紫说,"全凭想象和历史知识我希望自己做平凡、简单的人,写机智危险的字。贪心吗?"

在流潋紫看来,文字与作者没有必要纠缠在一起。所以,她是跟自己小说对立起来的,"我不喜欢以作家自居,贴照片、开专栏、写私生活。同样,我的文字里如果出没的都是我这样的平常人,也就不能算是故事了"。

传统爱情观

80后"古旧版"小女人,自称"愿得一人心,白首不相离"。

平淡才能持久,人是如此,情也一样。

如今的流潋紫早已是贤妻良母,事业家庭双丰收,用她的那句台词"这日子过得甚好"!

许多人不会留意《甄嬛传》第一集中有这样一幕,陈建斌演的皇帝在选秀女时,对站在安陵容身旁、一位穿着湖蓝色旗袍、帽子上簪着白色大花的秀女说:"刘莲子,大臣之女,赐××将军之子郑溜为妻。"导演郑晓龙送给女编剧流潋紫和她的丈夫郑溜的结婚礼物是一场戏。

流潋紫和丈夫郑溜的爱情故事并不像《甄嬛传》那样曲折起伏,两人相识于大学,郑溜是她在浙江师范大学读书时的学长,二人经历了长达11年的爱情长跑,终在西子湖畔步入婚姻的殿堂。

"紫薯"们惊异地发现,让她们沉浸于后宫纷乱情感之中的女作家,一边对着女人争宠大发议论，一边过着几近完美的幸福居家生活，最激烈的"婚外恋"也不过是某个早上爱上韩剧里的美男。

流潋紫没有像其他写字女人那样，把自己丢进水深火热的生活里，她两脚踏在幸福的世俗生活里，抱儿携夫，相敬如宾，气定神闲地游走书影世界，制造一些机智得有些危险的文字，与西子湖畔爱思考的文人们聚会八卦，参禅着各种哲学命题，其中当然包括爱情。

流潋紫称自己是80后"古旧版"小女人，"好像我的爱情观一直就是脱离了很多同龄人的想法，非常古式而陈旧。我觉得和一个人认认真真谈恋爱，就是为了结婚"。她喜欢别人叫她"阿紫"，因为流潋紫不管是正着念，还是倒着念，都是"溜恋紫"，或者"紫恋溜"。而甄小主始终坚守的爱情观"愿得一人心，白首不相离"，也是她和老公之间的爱情约定。

后宫背后的美丽人生

和小说中的后宫女子一样，生活中的阿紫对美容啊，打扮啊，都非常下功夫。一度痴迷于美白、瘦脸，像神农尝百草一样研究各种护肤品，在微博上与一些美容博主互相关注，也会用珍珠粉和蜂蜜做面膜来美容。

紫色是阿紫姑娘最爱的色彩，因为它神秘。她还喜欢宋代崔白的画，热衷于收集老绣品、浴室玛瑙、漂亮的鲜花照片，也擅长为自己DIY漂亮而古典的首饰，甚至会花上一整个暑假的时间绣花……而这些小爱好，也成就了她小说中独有的一份美感。

《甄嬛传》中很大的一个亮点就是里头那些或华美或清雅的服饰装

扮，阿紫查阅了很多资料。哪些人穿什么衣服，穿什么颜色，都有很明显的等级，"比如说皇后可以插几支发簪，妃子怎么样，都有明确的规定"。她说自己很喜欢研究这种东西，也乐意为笔下的人物装扮。

饮食养生两不误

很多人追完76集，纷纷中了甄嬛体的毒，连麝香、阿胶，甚至藕粉、桂花糕也跟着红了起来。阿紫平时喜欢研究传统中医和中国饮食文化，《甄嬛传》中出现了大量关于中药的情节，尤其是那些可能导致流产、慢性中毒的中药，包括一些催情香料，都是阿紫从自己在中医学院当老师的丈夫那里"取经"而来。

生活中的阿紫，也是一位养生控。每天泡脚，促进气血循环，平时会常喝红枣汤养肝、饮玫瑰花茶养颜，夏天喝薏米水祛湿，也会煮一些百合莲子羹祛暑。除此之外，读过十几遍《红楼梦》的阿紫，还将"红楼食谱"搬进了雍正后宫。妙玉用"旧年蠲的雨水"煮茶，甄嬛则收集梅花上的雪煮羹；刘姥姥进大观园时，贾母款待她吃藕粉桂花糕，眉庄最拿手的也是这道点心。

阿紫承认自己也是"吃货"一枚，最近被热播纪录片《舌尖上的中国》迷得七荤八素，一边流口水，一边下厨，用网购的云南酸木瓜，尝试制作酸木瓜炖鱼。

女人，艺术家，房产精英

女掌门人，在杭州的地产江湖，夏赛丽是其中一颗星星。

她带领企业以文化房产、低碳能源、艺术公益等跨界创新、多元转型，为城市建设、青山绿水贡献智慧。

从俊俏"小生"到风云浙商，不忘初心，文化逐梦，从商以来先后取得 2010 低碳中国十大企业领袖、2013 浙江经济年度人物、2015 年度风云浙商、2017 年浙商女杰卓越成就奖、2018 年魅力女浙商·卓越领航奖等殊荣……追求艺术、诚信立业，夏赛丽把人生的每一点都做到经典。

"夏赛丽，浙江岱山县人，唱过越剧、出过专辑、办过专场演出、建过楼盘和风电厂。"这是夏赛丽自己写的简历，平凡如一篇小学生的充数作文。

然而无论在浙江文艺界还是房地产界，夏赛丽的名字几乎无人不知。

20 世纪 80 年代，她是舞台上那个文质彬彬的"许仙"，和姐姐何赛飞合演的《送花楼会》出神入化。1992 年，当时身为浙江小百花越剧团演员的夏赛丽离开令人艳羡的艺术舞台转战商海，并很快积累了资本，成立赛丽地产集团。半路出家的她凭借着早年艺术环境的熏陶，提出文化地产开发理念，开创文化地产新篇章，在"地产江湖"操作得游刃有余。

光阴荏苒，今天的赛丽地产已成为以房地产开发为支柱、旗下拥有5家企业的投资型企业集团。她从越剧名角到商业女杰的事迹和成就，也多次被传颂。

对于媒体的赞美之词，夏赛丽表现得很坦诚。荣誉是对自己某个阶段工作成绩的肯定，她珍视一切荣誉，更会将之当成一种鞭策。而关于她的报道，大多是以名知名企业领导人的身份，其实私底下，赛丽也是一个懂得欣赏生活、品味生活的女子。事业上她有很多宏大的目标，比如一直在策划的浙江传统文化产业，希望能为这个城市建造百年后依然从容矗立的经典楼盘。生活上她同样给自己目标，比如抽出闲暇去排戏、办越剧专场，当然还有休闲放松的生活理念。

采访约在夏赛丽傍依西湖的办公室里，会所式的办公室很宽敞，景色也独一无二，全落地大窗可以看到水波清粼的西湖美景，午后的阳光斜晒进来，办公室一角的欧式吧台飘来香浓的咖啡香气，随处可见的精致工艺品和角落里的小型健身器材悄悄透露着办公室主人的艺术品位和生活爱好。而这位眼梢眉角带笑的女主人跟这里的惬意相互辉映，优雅而柔美，犹如眼前的西子湖畔，宁静悠远。

她说话的方式始终从容不迫，温柔亲切，既清晰地表达着自己的主张和观点，也时时照顾对方的感受，会微笑注视着你的眼睛，专注聆听。事实上，她有很多理由可以张扬、强势，无论是昨天舞台上熠熠生辉的名角，还是今天风云变幻的地产界中独当一面的巾帼，夏赛丽无疑是一个能让男人景仰、让女人惊羡的传奇女子。然而，这些光环她却似乎并不在意，只以率气、温柔的本色示人，只有在表达某种观点的时候，你才能忽然感受到她思想强大的光芒。这一种淡定从何而来？

"文化"二字始终印在夏赛丽的脑海中。她说，无论从事什么行业，"文化"一定是生命中的主线，是需要我们永远践行的内涵。任何事物，如果失去了文化，则失去了灵魂。

商业艺术——建筑中总有一种专属女人

但凡事业有成者，都有自己对生活和艺术的独特理解，都有诠释居住品质的独特角度，都有追逐完美细节的独特表现。显然，夏赛丽是这个目标的实践者。在从事房产开发的十余年过程中，她一直试图在女人、艺术家与商界精英这三角关系中寻求平衡。所以，经她开发的房产品，既有女人的亲和细腻，又有艺术家的出众品位，还兼有作为商界女强人特有的锐气与利落之风。她说，在杭州百花齐放的建筑中，应该有一种专属女性的，用女性的风情和柔媚去建造一座房子，在城市与自然之间，在繁华和静逸之间，在城市的背景映衬下，展现出女人般清新、优雅的柔情。

女性的细腻和艺术家独有的品位造就了她今天的风格，这也令她学会了换位思考。小到一件事，大到一个项目，赛丽总是会考虑周全。她认为，每一个楼盘的开发建设，都是在营造一件艺术品。从小就受艺术熏陶的她，所提出的"运河房产""学院房产"等开发理念渗透着深厚的人文内涵和人文精神，体现了作为一个完美主义者对于理想建筑、理想生活的追求。

生活艺术——众声喧嚣，优雅生活

艺术无处不在，赛丽不太爱谈工作中的成就，却时时表达着对生活的热爱。她就是一个以生活修炼心灵，把生活经营为艺术的人：常在晚餐后绕着西湖骑单车，出一身汗，让身体健康、心境清明；会留出时间去跳跳拉丁舞、打打网球；但她最喜欢的，却是骑马。无论到普陀的沙滩，还是内蒙古的草原，她必然骑上当地的马，驰骋一番。没有太多的想法，只是在马上的感觉，每一次都让她陶醉。

除了运动，她也会定期约造型师为她设计新形象；每天清晨的两支灵芝是多年来的养生习惯；还有对摄影的爱好，二十几年前就已拥有"尼康F501"的专业硬件，不为功利，只是天然的兴趣，能为心灵打开更多的窗；当然，旅行也是必修课，可以体会更多面的世界和人性。一个身兼数职的人，必然繁忙，她怎么有这么多时间经营生活、经营自己呢？

在和她聊天的间歇，亲眼见她处理事情时的简洁利落，这个问题也自然得到解答——四两拨千斤的工作方法简洁有效。她说，生活就是她的美容秘方。生活让她学会感恩，面对事情可以更加平和包容。而她眼中的人生就像越剧一样跌宕起伏，有高潮，也有低谷，倘若整首曲子完全是一个调子，那倒真是单调无味了。在美好的人生感受中，赛丽滤除了这个时代和这个行业特有的浮躁，对生活绽放出一朵微笑、一缕清香。

时尚艺术——经典品位，唯美情怀

夏赛丽一再强调生活和品位的重要性，我不禁看她：小立领白衬衫，外披一件黑色短款西装，手工感很强的水滴型黑色耳环，衣着绝不是抢眼的时尚，却巧于搭配，有十足的优雅味道。

她的品位是身边人一致认可的，经常受朋友拜托她买东西，而她也能一眼就看出对方的喜好和风格。当摄影棚里的赛丽被递给一件紫色的上衣时，她立即找来同色的丝袜和鞋子搭配，并配上恰当的首饰，细节处的精致道出了一个知性女子的浪漫情怀。

赛丽总是担心自己穿晚礼服的样子过于性感，但摄影师说，她露出锁骨的样子最迷人；化妆师最喜欢她的眼睛，因为那里倾诉着与众不同的真情……

是女人情怀也好，是完美主义也好，房地产本来就是一个打造生活的行业，有这样的行业精英，我相信，这个城市的生活会更值得期待。

丁雯的"多维人生"

在全国各地拥有六家精品酒店、一家度假村、两家花园餐厅、一间服装工作室的丁雯，形容自己是个生活的"杂家"，时刻保持着对世事的敏感，但又不苛求做到样样完美。

喜欢探险，不断地从安全的境地，"突围"到危险的野外；坚持运动，敢尝鲜，单车、滑雪、摩托艇，每一样都略懂皮毛；迷恋时尚，化身时尚买手，开服装店，用敏锐的眼光和搭配心得为杭州女人打造了一个丰富多彩的"私人衣橱"；热爱生活，拥有一个9岁大的儿子和一只被她当作"女儿"的比熊犬"陈糯糯"，以一个女人的温婉，经营着美满温馨的家庭。

这个多维的杭州女人柔软的内核，散发出一股强大的正能量，让人不由自主地想向她靠拢。

驾驭身体，让心灵更年轻

丁雯在全国各地拥有六家精品酒店、一家度假村、两家花园餐厅、一间服装工作室。不过，这位土生土长的杭州女人，总是强调自己并不是一位追求事业成功和"高大上"生活的女强人，只是想做一个喜欢过"小日子"的随性女人，有一点小事业、有一点小爱好、有一点小女人、有一点自己的空间。"对我来说，幸福，就是清波街上，下午二三点钟的光影。"

所以，她不太爱谈工作中的成就，却时时表达着对生活的热爱。这也难怪，丁雯的业余生活，都快丰富得溢出来了。

天气好的时候，她会绕着西湖和西溪湿地，与姐妹们一起骑单车或暴走，出一身汗，让身体健康；她常去登山，感受高山的深邃，让心境清明。夏天，她会约上几个姐妹一起去玩水上帆船、骑摩托艇；冬天，她会带着儿子去哈尔滨的亚布力或韩国的江源道滑雪。

丁雯的闺蜜形容她是"小学生进门，研究生毕业"。虽然是旱鸭子，但穿上救生衣就敢玩水上摩托艇；没学过攀岩，安全带一系，就敢从100米高悬崖往下爬。可她就是喜欢这种看不见的危险，不为刺激，只是爱上了这种随时的放弃和不可知的未来。因常年接触新鲜事物，这个40岁女人的容貌比实际年龄小很多。

行走在路上，修行在途中

丁雯现在每天都住在南山路上自己的酒店里，酒店的对面是柳浪闻莺，旁边是清波街。站在顶楼的玻璃露台上，刚好可以看到对面的西湖群山。她说，有时候，当第一缕阳光透过柳梢洒进窗棂的时候，她仿佛能闻见自己心底"流浪"的气息。

事实上，在心灵深处，丁雯一直没有停止过要看世界的心灵悸动。对她来说，旅行是一种修行，"行走在路上，就会感到自己的灵魂仿佛从程序化的都市塑胶人里跳脱出来"。所以，每隔一段时间，她便会出去走走。

比如，在唐古拉山的雪山顶，用冰冷的水和从当地农民那里买来的八九块钱的大把新鲜虫草炖鸡；夜行雪山之乡波密，在漫天萤火虫的陪伴下畅饮；一个人去埃及徒步旅行，一走就是 10 天，住在埃及土著人的家里，早晨在沙漠制作一顿丰盛的早餐；在肯尼亚的大草原上和马赛人一起欢歌，住点着油灯的帐篷，早上居然还有非洲脚夫提供 roomservice，一双赤黑的手送上粗面包和永远煮不开的黑咖啡；又或者在新疆山区住在像《新龙门客栈》一样的破旧的木楼里，和当地农民们睡在一张通铺上，大家一起猜想"明早的太阳几点升起"……在丁雯眼里，享受生活就要用懂得"折腾"的心态。

坚持住，才会一马平川

最难忘的一次经历是在 5 年前。受到《藏地密码》的启发，丁雯决定去一趟墨脱，到那里寻找传说中西藏失落的"神秘宝藏"。于是 6 辆丰田四驱越野、24 个人，浩浩荡荡地沿着川藏线一路驶进了去墨脱的必经之地——波蜜。从波蜜到墨脱的这段路程，丁雯和队友们花费了 20 多个小时。

当时的墨脱正在修建公路，当越野车被拦无法前行时，他们只好从当地农民那里借来小货车一路开进去。因为盘山路的一旁就是唐古拉山的险峰和陡峭的崖壁，为了安全，下坡时只能徒步推车走下去。"一路上不断遇到塌方，我们就一次次用已经冻得麻木的双手，绝望地挪动一块块挡住车子前行的巨大山石"，在她的户外探险中，这样的挑战时常会出现。

"在户外，没有人考虑你的性别，每个人身上都背着十几斤重的包，这不是远足踏青或者城市暴走，该你走的路你就必须走完，掉队或走回头路面临的就是危险。但我们有安全措施，只要你不怕辛苦，一定能圆满完成。"

对丁雯来说，重要的不是征服哪一座大山，或哪一条艰难的路，而是内心的高度和这一路的风景。毕竟，随风而逝的是过去，疾风飞翔的是现在。沉淀下来的东西，依然是身在其中的一番自豪、一种展望。所以，她现在经常提醒自己："我曾经满怀信心地拼搏过。"正如人生，坚持住，之后必然是一马平川。

开买手店，分享"私人衣橱"

一面是充满未知的户外挑战；而另一面，丁雯也总能从行走中感受时尚潮流，她非常乐意将一部分时间分割在巴黎、米兰、香港等时尚之都。

她自称是个对喜欢的衣服没有抵抗力的女人，看到漂亮的鞋子就神经末梢充血，边试穿边算家中鞋柜里已经记不清是201双还是202双的鞋子；邂逅经典衬衫，生怕错过一个流行的色系；她的家中有3个房间都挂满了自己的衣服，搬到酒店住后，索性把其中一个套房变成了自己存放日常服装的"仓库"。

她疯狂迷恋着衣服并对搭配驾轻就熟。当然，为自己拗造型还不过瘾，最近，丁雯还晋升为把平凡人打造成街头时尚偶像的"军师"。

丁雯和闺蜜一起，在南山路酒店 2 楼开了一间时尚买手店，取名"DoleceVita"，意大利语是甜蜜人生。开店的初衷是想为自己和与她志趣相投的杭州女人们，营造一个充满无限可能和穿衣乐趣的"私人衣橱"。让每一个走近这个"衣橱"的女人，都能陶醉在甜蜜的人生中。所以，现在每次出国，她都肩负着购物狂和采购员的双重使命。

丁雯最喜欢的品牌是川久保玲，喜欢它的古怪、叛逆、性感和张扬，喜欢它个性的不对称裁剪，也喜欢它利落的线条，更喜欢它不需要取悦别人的态度。她说自己的身体里藏着不同的自己，一个驾驭礼服裙和高跟鞋，一个偏爱帅气的摇滚风格皮衣和铆钉包。还有一个呢，是穿着运动鞋和登山装，背着行囊，在野外徒步或是在西湖边奔跑。

打造"中国珠宝奢侈品牌"的女珠宝商

她是化着妆、戴着耳环去戈壁沙漠徒步的女人，成为丝绸之路上华美的符号。

她是走过世界 50 多个国家的女人，"世界 50 处最值得去的地方"，她走完了 45 个。

她是永远与 80 升容量大背包相伴的女人，走过不少像挪威峡湾这样一边是江水滔滔的深谷，一边是随时可能崩塌的悬崖的恶劣道路。

她是站在世界之巅，用温热心跳触摸这个星球最冰冷脉搏的女人。乘坐最强大的核动力破冰船冲破冰封的大洋，在白雪皑皑的世界看企鹅跳舞，趴在不远处看北极熊捕猎海豹。

她还想做"中国自己的奢侈品牌珠宝"的女珠宝商，她说女人要像钻石一样，不仅要有璀璨的外表，还需要拥有一颗"行走在路上"的强大"内芯"！

所以，她喜欢涉足不同的地方，却抗拒重回原处。因为，"要去的地方太多了，这辈子走不完的！"

世界 50 处最值得去的地方，她去了 45 个

陈逸汝天生就对所有新鲜的事物充满热情，上大学时，靠着打工赚来的钱，一个人坐着绿皮火车上路，独行湖北、江苏、新疆、云南；2003 年，她自驾游穿越了青藏线；2004 年，她独闯戈壁大沙漠，徒步通过河西走廊的武威、酒泉、敦煌四郡，穿过白龙堆，到楼兰……用 25 天的时间走完了丝绸之路。

从那一次开始，陈逸汝几乎马不停蹄地游历世界，并从此一发不可收。一直到现在，她保持着每年两三个月在路上的习惯，只要够时间走得出，她就一定要远行一次。

在近 6 年的时间里，她横跨北欧的冰岛、东南亚的海岛，远足北美的纳帕谷、欧洲的古堡，登陆南北极；从繁华都市到质朴乡村，从风情万种的海滨到惊险刺激的悬崖……陈逸汝习惯了从不同的角度与世界相遇。

令她永生难忘的一次经历是去挪威的峡湾，她攀登了有"山腰之舌"之称的悬崖绝壁。这样的事情听起来浪漫而壮烈，然而在险峰间，在绝壁上，随时可能跌落悬崖。整整 20 个小时，23 公里，悬崖边攀爬行走，膝盖被崖壁磨得血肉模糊，陈逸汝一次次与死神擦肩。她说没有办法不坚持走下去，"天寒地冻，留在那里只会冻死，人的毅力有的时候来自没有退路可以选择"。此后面对再艰难的处境，陈逸汝总能彻悟："我连死都不曾害怕，还有什么事情值得忧虑呢？"

这么多年，她已经数不完自己踏足过的地方，有一天看到网上推荐世

界 50 处最值得去的地方，她拿出清单数了数，自己已经去过了 45 个。"去别人去不到的地方，做别人不敢想的梦"，心怀"不走寻常路"的行者价值观，陈逸汝总能寻找到新的自我突破。

在地球最南端城市，寄明信片，盖企鹅章

2011 年，陈逸汝开始向南极进发，"那种没有丝毫杂质、纯净的雪白，令人的心灵都得到了净化"。至今回味起极地风光给她带来的心灵震撼，陈逸汝依然感到心醉。这次让无数人神往的探索之旅，承载了她前所未有的激情和梦想。

最让她兴奋的莫过于与南极动物相处的日子。幼崽企鹅憨态可掬，主动与人接近，对人类怀有强烈的好奇心，"在登岛之后，能看见很多企鹅围在你身边，或者看到它们成群结队地在冰面上嬉戏"。

出发前，陈逸汝曾想过要带些纪念品回来送朋友。但南极可没有购物店，所以要带回当地的特产相当有难度。"当地的土著居民有企鹅、鲸鱼、海狮、海豹"，陈逸汝带来的照片，这些"当地土著"占了不少。不过，在经过南极的交通要道——距南极最近、被称为"世界尽头"的城市乌斯怀亚时，陈逸汝买到了印有"世界尽头邮政"字样和加盖企鹅图案印章的明信片，邮寄给了生活在杭州的自己。

陈逸汝说，南极之行，让她的心灵得到了洗礼。最为震撼的是那里的冰川，"你看，这是我一路顺着航道拍摄的冰川"。在她的手机里，记录下了一座座千奇百态的冰川，大自然的鬼斧神工令人叹为观止。一座座冰

山晶莹剔透，水面清澈如镜，倒影相连，让人无法分辨哪里是天、哪里是地。还有许许多多的冰融化了，坍塌下来，漂浮在海面上，泛出隐隐的蓝色光泽。

"南极的美和震撼真的无法用文字和言语表达"，不过，最让陈逸汝感到有趣的画面是，几个大妈坐在船头打毛线，外面是巨浪与冰川，目的地是南极！

为拍极光，大雪淹没膝盖

一路向北，陈逸汝再一次挑战北极，在赫尔辛基感受北欧的简洁和文明，乘坐强大的核动力破冰船冲破冰封的大洋，乘直升机俯瞰北极完成北冰洋的实景拍摄。此时，北极对陈逸汝来说不再只是地球仪上的一个坐标、一个节点，已经被她真实地拥入怀中。

"看到北极光那一刻，我泪奔了！"为了拍摄极光，站在−50℃的冰天雪地里两个多小时，大雪淹没了膝盖，她明白，"一定要坚持才能看到美丽"。7天的时间里，没有黑夜也没有信号，与世隔绝，天地清静，远离文明国度的喧嚣和繁杂，站在冰雪荒原欣赏极光之美……陈逸汝感受到了从未有过的安宁。

"北极点是一个让人产生归零思考和极致感受的地方，站在北极点，向任何方向走一步都是向南，因此没有了方向的概念。因为是地球经线的交会点，所以无法确定时间，因而失去了时间的界限。不过北极熊可就没有电影和动画里那么憨态可掬，甚至有点凶猛，我们看到它在捕猎海豹和海象。"

　　陈逸汝有一个显示"N90°"的GPS，她说那是她带回的地标，"为了向登临极点的勇士致敬，几乎所有民用GPS都无法直接输入北纬90°这一地理标点，只有站在北极点，才能用直接保存地理标点的方式输入N90°这个数字，所以我带了一个GPS，留下了永久的纪念"。

风尚名片

余莹 | 杭州黄龙饭店董事

让自己成为一件最时尚的"艺术品"

温柔地与压力"接吻"

作为酒店的女高管，她每天都要与压力"接吻"，要刚毅果断，但也不能用力过猛。从事饭店行业10多年带给余莹的感受是，女性从事酒店行业有着天然的优势，"饭店作为服务行业提供的是细致入微的服务，'100 — 1=0'理论告诉我们，不能出任何马虎。如水、电的供给，饭店的安全问题、客人投诉问题等。这个循环系统中的哪个环节出了问题，都会影响为客人的服务。而女性在服务方面更细心、敏感、亲和力强、善于沟通"。

这个一天要开N多个会的女强人，说自己很享受那种全力以赴、心无旁骛的感觉，会觉得"身体里充满了能量"。

生活不需要设计

你以为这个纵横职场的工作狂，生活中也一定是个同样"硬朗"的女人？她的办公桌还是不小心泄露了女人的美丽小心情：一个紫色的珐琅彩工艺盘，一个摆放着她在休闲度假时照片的相框，以及一些记录心情的随笔小书……每一件都充满值得细细琢磨的味道。

"热爱生活，坚持品味"，是余莹经营生活、经营自己的精髓所在。在她看来，经营生活和她管理酒店一样，"以热爱之情、以淡定心态、以优雅品味，更能做出精品"。是女人情怀也好，是完美主义也罢，饭店本来就是一个打造生活的行业，生活让她感觉如鱼得水。

一有时间，余莹就会去健身房；周末有空也会去逛一趟花鸟市场，带回自己喜欢的鲜花植物，在家中随性地插花；旅行也是必修课，能体会更多面的世界和人性；即便是平时的闲暇之余，她也会找个阳光和煦的午后，泡一壶花茶，找一本书，放一张 CD，赖在舒服的沙发里发呆，沉浸在文字和音符之中……即使什么都没干，余莹也会觉得这一天非常美好。

"生活是这样的，当你去设计的时候，你做不到就会不愉快，可当你享受的时候，因为没有目的性，所以会觉得很舒服。"

愿被艺术包围

"做酒店就好像对待一件艺术品，需要耐心打造，细心雕琢，最后用心收藏、分享。"最近，这个浑身散发艺术气质的女人，还成了艺术品发烧友。

余莹的家中，摆放了很多工艺品和艺术收藏品，内心丰富的她，会根据自己的心情，对其中一些爱物摆放组合：青花瓷和陶艺，山水画和书法作品……它们与简约而现代的家具即兴混搭，呈现出杂而不乱且值得细细琢磨的味道，隐约透露出她用艺术品包裹生活空间的文艺情怀。"谈不上收藏，但每一件物品，都和我有着某种情感关联。"余莹对它们的熟悉，浸入每一个细胞。而她对于艺术品的热爱，不为功利，只是天然的兴趣，为心灵打开更多的窗。

与艺术品结缘，始于黄龙饭店的那条"西湖·山水·文化"艺术长廊，为了让这条长廊更具品位，饭店每个月都会与一位艺术家合作，进行作品展览、举办艺术交流沙龙。8 年来，余莹先后接触了 30 多位来自国内外的艺术家，在与这些艺术家打交道的过程中，余莹自己的审美水平得到了提升，更让她感悟到艺术的真谛。

"其实欣赏艺术远没有我们想象中那么需要铺张，有时可能只是自己生活中的一个小小的细节，一张经典的 CD，一本艺术家随笔的小书，一部短小轻松的艺术电影。"搜罗花卉、混搭家居、品功夫茶，艺术的点滴已经贯穿余莹的日常生活，无需费力再寻找。

虽然生活中不可能像光顾办公室、餐厅和时装店一样频繁地光顾剧院或画廊，但她还是会在每个假期都留给自己一段独处时光，去北京看"当代艺术展"，去苏州看珠宝秀，去上海欣赏一场音乐会，又或者，索性趁着假期去一个艺术国度旅行……

40 岁以后，余莹越发觉得，当职场的打拼把自己变得不再年轻美丽，就要做个艺术品一样有价值的魅力女人，这不仅仅需要拥有时髦的衣服和名牌化妆品，艺术气质更需要丰富的内涵。因为她明白，只有内涵丰富才能让生活充满能量，身体和大脑加分。就好像一瓶好的红酒需要沉淀，丰富也是女人一生的必修课。

没空偷闲的休闲产业"女将军"

作为女性高管，每年活跃在 APEC CEO 论坛上，与国内外顶级企业家畅谈；站在先行者的行列里为中国引进世界休闲博览会，创立浙江第一个"省级文化创意产业区"和自己的"奥特莱特"……

"这个女人是谁？她到底有什么背景？"如同一部悬疑片的开场，张娴是在一片惊叹和打探声中出场的。

坐在宋城集团副总裁办公室接受采访的张娴，思路清晰，对答如流，但绝无女强人那种咄咄逼人的气势，显得从容随和，生动婉约，让你禁不住产生一种错觉：这样一位清丽貌美的女性，理应活跃在众所瞩目的舞台，抑或教育下一代的讲台，而不应该驰骋无情的商海。

柔美、硬气双剑合璧

果然，这个女人的职业生涯是从安静的中学课堂开始的。杭州师范大学外语本科毕业后，作为家里的独女，张娴拗不过父母强烈亲情的召唤，回到故乡嘉兴成了一名英语老师。教书育人的两年时间里她倾情投入自己的第一份工作，声带小结、咽喉炎找上了她，可她幸福地享受着一声声"张老师"的呼唤，以优异的教学质量赢得了青年教师比武大奖。

在从事教育工作的同时，热爱文艺的张娴还兼任着主持和策划政府大型综艺活动的工作。这让张娴在文艺演出的舞台上崭露头角，此后嘉兴市文化局主办的很多活动都由张娴负责主持，慢慢她发现自己被这个行业的新鲜感深深吸引。1998 年，她主持了嘉兴抗洪救灾晚会以及当时热映电影《不见不散》的首映式；1999 年，她主持了嘉兴解放 50 周年的大型晚会，同年，她与曹可凡一起主持了在中央台转播的海宁第七届皮革博览会开幕式……这些经历磨练了张娴的胆量，也让很多党政领导发现嘉兴有个能说会道、才貌兼备的年轻女孩，张娴的交际能力也得到了认可。

1998 年末，她顺势进入了嘉兴南湖革命纪念馆工作，并成为建馆以来最年轻的女副馆长，为国内外的党政要人和众多知名企业家讲解革命遗产，各种党史、名人回忆录堆满了张娴的桌头，她还深入挖掘了南湖湖心岛和烟雨楼上众多文人墨客留下的文化痕迹，米芾、苏轼、吴昌硕、彭玉麟等著名书画家的真迹石刻。到纪念馆工作后，张娴业余时间依然受托做英语家教。就是这样一个好强的人，无论做任何事都希望做得精彩，她也的确做到了。

从南湖跳进"商海"

如果说当"老师"和"主持人"的经历提升了她对个人能力的自信，那么南湖革命纪念馆的工作，就让张娴在综合管理能力上树立了自信。

2000 年的南湖革命纪念馆寻求红色旅游之外的更大拓展，宋城集团董事长黄巧灵受嘉兴市政府之邀去考察献策，而当时接待他的人就是张娴。

用张娴自己的话说她进入宋城集团以前都是在吃"开口饭"，无论是教师、主持，还是纪念馆的讲解工作，都离不开一张善于沟通的嘴。而2000 年去宋城的决定对她来说更有挑战，等待她的是从未接触过的管理工作。虽然是初入商海，但张娴心里并无不安，"我当时觉得即使以后扑腾不出什么名堂，依然可以回到家乡的岸上"。张娴的这种踏实感来自嘉兴当时副市长的一句话，"没关系，你真的想去就去吧，如果商海不好闯，家乡随时欢迎你回来"。

远离工作就会"失恋"

没有多少人质疑她的管理能力，2000 年 12 月她加盟宋城集团，历任杭州乐园副总经理、集团公司行政总监、宋城旅游管理分公司总经理、股份公司副总裁等职务。来到宋城集团的 8 年里，没有太多从商经验的张娴投入了自己全部的情感与企业一起成长，用她自己的话说她是凭借"一个不太笨的脑袋，一颗好学的心，一种脚踏实地做事的态度"成就了今天的事业。

2002 年张娴和市领导参加了在吉隆坡举行的第七届世界休闲大会，"我们感触很深，如果杭州搞这么一个切合主题的大型会展，对明确城市定位、提升城市形象是很有帮助的"。在杭州申办世界休闲博览会期间，张娴凭借她流利的英语口语、个人出色的交流能力和对休闲的独特见解，为申办起到了很好的桥梁作用，很多国外专家首先通过对张娴个人的印象去看待杭州这个城市，这让张娴成了把休博会带进杭州的重要推动人之一。

"我的脑子没有空白的时候，什么都不想对我来说很奢侈。"做瑜伽的时候，老师说什么都别想，彻底放松，可张娴做不到，冥想，对她来说是一件不可能的事。"虽然这样很累，但是我不想找其他方式替代。很多朋友都对我说，你悠着点！可是我觉得悠着点就不好玩了。"张娴坦言她也曾经在情绪低落的时候羡慕过那些享受在购物、美容、旅游等休闲时光中的幸福女人，也曾经在出国考察时给自己放过假，"在休假的时候，我突然感到一种被遗弃的失落感，就好像年轻时失恋的那种感觉，那个时候才发现原来工作就是我的'恋人'，不工作的时候，我就很想念我的'恋人'"。永远为工作忙碌的张娴没有时间去谈恋爱，虽然长年的单身生活让她略显孤单，可是张娴觉得自己很"满"，因为"与工作恋爱也很幸福"。

为工作而看《时尚》

眼前这个看起来很"潮"的漂亮女人竟然告诉我她7年多没有真正逛过街，"没时间、也没有多余的精力可以用在穿衣打扮上"。她的购物方式是属于男性的，不去享受购物过程，只有在每次换季发现自己没衣服穿时才去买上几件，都是些不失身份的品牌套装和连衣裙。至于她身上那套经典的 Hugo Boss 套装，她竟然都不知道是什么牌子，她也不关心这些，总觉得衣服穿起来只要显得自信就是最合适的。但是，最近她开始关注品牌了。

2008年，张娴第一次订了《时尚》杂志，可关注流行趋势竟也是为了工作，因为那一年她的工作计划中有宋城集团旗下的奥特莱特品牌直销广场的推广工作，她必须亲自了解这些品牌。张娴信心满满，"之前浙江省的白领们，都喜欢去上海青浦的奥特莱斯购物，不过上海青浦的购物广场发展到现在，出现了餐饮单一、住宿难等相关硬件配套设施不足的问题。现在杭州有了浙江人自己的奥特莱特，又是在美丽的湘湖度假区，周边有第一世界大酒店、杭州乐园等现成的配套设施，而且我们正在考虑代理些杭州缺少的像PRADA这样的一线品牌。凭借这样的优势，如今越来越多的人流会到杭州奥特莱特来"。

美容秘籍是吃肥肉

张娴的皮肤娇嫩，身材苗条，可她并没时间去美容健身，"等我忙完了工作，那些会所都关门了"，她唯一的运动方式就是走路，因为不用限制时间，她每个星期都坚持至少两次在户外快速行走，每次一个半小时。有时与客人谈完事情都半夜了，她还是坚持在西湖边走上一个多小时，边走边思考第二天的工作。

另外张娴还爱好美食，她的秘书掌握着全城美食地图的最新资料，"除了满足吃美食的欲望，还可以安排适合的餐厅请不同的客人"。说到吃她是个"无肉不欢"的女人，尤其喜欢那些脂肪含量高的肥肉，除了美味还可以滋润皮肤，这也是张娴的美容秘籍。她最爱的一道菜是土猪肉，最喜欢的是农家菜，她可以说出每家土菜馆必点的是哪一道，"每一个餐馆都有一道主打菜作为特色，经久不衰，名声远扬，就像大型歌舞《宋城千古情》之于宋城景区"。

关于穿衣，张娴的衣橱里收藏着一套迷彩服，这个"女将军"曾带着自己的员工去打实战"突击"，这是她从当年热播的电视剧《士兵突击》中得到的启发，"企业发展到现在，核心竞争力和企业文化都到了重塑的时候，我们有信心一起努力打破企业固有模式，用开放的心态走出一片新天地"。

第六章

风尚潮妈

宝宝身心健康是胡桦的头等大事

浙江影视频道的胡桦，传说是个很铁腕的女人。获过"阳光七星"、当过主持人歌唱赛的"头牌"，工作起来风风火火。尤其是当制片人的那段时间，又主持、又统筹、又制片，干练得一塌糊涂。

不过自打几年前成为"跳跳妈"，不仅爱心泛滥、女人味飙升，还从《娱乐高八度》中无敌快嘴的"娱乐一姐"，成功转型成《健康最重要》中娓娓道来的"温柔姐"，不仅拥有越来越多的中老年粉丝，讲起宝宝健康经也自有一套。

"靠谱"妈妈这样出炉，怀孕后成为半个养生专家

曾经做了六年娱乐主播，从80、90后喜欢的"娱乐快嘴"，转型成拥有越来越多中老年粉丝的"温柔姐"，胡桦自嘲："当妈妈了嘛！年轻人 hold 不住了，越来越受老年人和小朋友欢迎。"

事实是，当初接手健康节目，胡桦存着一份私心。多年前《身体警报》开播时，她刚好准备怀宝宝，于是对健康话题格外关注，常从书店抱回一

堆孕妇健康类百科读物。不久，超级可爱的儿子"跳跳"就来到了胡桦身边。

怀孕那会儿，胡桦最担心的是自己"身材走形"。不过，对减肥事业一直兢兢业业的胡桦，做妈妈可是相当靠谱的。怀孕期间，为了增加宝宝营养，她坚持每餐都吃平时根本不敢碰的主食，也尽量努力吃平时拒而远之的肉类、各种补汤。胡桦会拍下每天搭配的营养餐，记录宝宝在肚子里的成长变化，写下自己做妈妈的心路历程，还会在微博上与其他准妈妈打成一片，一起探讨育儿经。

现在，从《身体警报》到《健康最重要》，胡桦俨然就是半个养生专家了，说起健康的话题一套一套的。特别是育儿方面的健康知识，身边的新妈妈、准妈妈们纷纷跑来向她讨教一二。不过，胡桦说她首先要"播报"的，还是产后身材修复的"料"。

辣妈身材这样练就，练瑜伽半年瘦下 20 斤

"任由身材'肆无忌惮'地走形，是对自己最大的不负责。"生完宝宝，胡桦胖了 20 多斤，现在不仅自己体重控制得非常理想，宝宝跳跳也相当健康。胡桦自曝，若想产后迅速健康地修复身材，控制孕期饮食是重要的第一步。她建议准妈妈不要以"宝宝想吃"为借口，放任自己的食量，"其实胎儿需要的营养很有限，怀孕时尽量多吃一些有营养的汤汤水水，比如补气的鸡汤、滋阴的燕窝，注意补充新鲜水果和少量坚果。我还有一个小经验：'饮食+1'法，就是在孕期要多补充一样平时不敢吃的营养类食物"。

胡桦的产后身材修复之路，除了控制饮食还有配合运动，胡桦选择了

缓慢但效果良多的瑜伽。"瑜伽能够充分舒展筋骨，还可以拉伸身体的线条，让身形变得修长。"胡桦觉得瑜伽对新妈妈来说最主要的是调整心态，"安静地扭动自己的身体，渐渐呈现平静状态，慢慢地从新当上妈妈的不安中调整自己；当心态平和之后，身体也渐渐回归"。经过咬牙坚持，胡桦6个月内瘦了近20斤，产后塑身成功。

现在，身心已经回归的胡桦依然坚持运动，最近，她的iPad里下载了一套韩国郑多燕的健身操，每天跟着学一会儿，跳起来很带劲，"有音乐、有激情，最重要的是有效果"。

健康宝宝这样成长，远离垃圾食物和电脑、手机

当然，现在胡桦关注最多的还是儿子跳跳的健康。因为主持健康节目，胡桦接触了很多的医生和专家，了解了丰富的养生和育儿知识。比如，跳跳出现了尿布疹，胡桦就注意不给跳跳包尿不湿，给小屁股透透气；每次跳跳大便完了，都用温水清洗干净，涂上消炎的炉甘石洗剂。胡桦提醒年轻妈妈，遇到问题不要太焦虑，随着孩子的长大，很多情况都会慢慢好转。如果宝宝吐了，要先观察是什么原因引起的，严重的一定要去医院检查。

另外，现在许多孩子人手一个手机或者iPad，平时跳跳在身边时，胡桦会把这些东西都藏起来不让他碰，"跳跳至今连电视都没看过，爷爷奶奶可心疼了"。胡桦说这些电子产品是儿童近视的第一杀手，屏幕越小，对孩子的伤害也就越大，"如果你不让他接触第一次，他就不会好奇去玩。

同样道理，很多父母抱怨孩子整天吵着要吃肯德基，其实你只要不让他吃第一次，他就不知道什么叫炸薯条、炸鸡块。无论是垃圾食品，还是电脑、手机，一定要让孩子敬而远之，为了孩子的健康，父母有时下手要'狠'"。

"美食妈妈"沈嫔嫔：没有垃圾食品，只有垃圾吃法

辣妈心经：欢乐和美食是我最大的武器，我是快乐喂养妈！

2005 年杭州赛区的超女比赛，我们认识了沈嫔嫔（杭州唱区第 9 名），后来这张酷似范晓萱的脸出现在了杭州少儿频道。

如今的沈嫔嫔早已是一位资深主持人，结婚后，玩着，笑着，就把娃生了。现在，嫔嫔一边得心应手地照顾女儿，一边在《熬烧熬烧》节目中和大厨一起教大家烧美食、搜佳肴，还当起了制片人，自己"烹制"出一档带大家吃喝玩乐的节目——《"嫔"纷生活》！

主持＋主吃＋主厨

身为美食节目主持人，沈嫔嫔毫不讳言自己是主持也是"主吃"，不仅爱吃，还对吃颇有追求。喜欢四周搜寻地道美食，喜欢最新鲜、最当季的食材，喜欢美食与美酒的完美搭配。

她笑称自己是"国际胃"，南北东西都很喜欢，印度的咖喱、希腊的橄榄，东北菜、南方菜，她来者不拒。每次去外地出差前，嫔嫔都会先做好充分的资料，一边嚷嚷着"减肥！减肥！"，一边搜寻当地最地道的美食以及最出色的餐厅。"如果你没有涉猎不同风格的美食、没有体验各种风味、没有尝试一些好的东西，你也许就不会发现平淡家常菜的美好。"

现在主持《熬烧熬烧》节目，衣着光鲜的"小沈师傅"也华丽丽地走进了厨房，摇身一变成美丽厨娘；身为孩子们口中的"嫔嫔姐姐"，她更是会经常去幼儿园和小朋友一起进餐、走进幼儿园的厨房，教孩子们怎么煎太阳蛋、怎么做寿司、怎么烤鸡翅。

下了节目，她会在兴致大发时钻进厨房"舞刀弄叉"，秀秀手艺。她做的菜，和她人一样漂亮，色香味俱全。创意菜、家常菜都难不倒她，给宝宝的菠菜猪肝土豆泥是最近刚学的，女儿最爱的甜豆火腿丁和煎虾饼更是她的拿手菜。同样一种食材，她能用不同的搭配做出十几种不同的风味来。

女儿是《熬烧熬烧》的"小白鼠"

对于为孩子选择什么东西吃，嫔嫔同样是"行家"。

她笑称女儿就是《熬烧熬烧》的"小白鼠"，"最近'熬烧'开始转型主推宝宝营养餐，做节目的时候学到什么适合小朋友吃的，回家我就拿女儿做实验。然后我再根据她试吃后的反应，选择最适合她的菜放到她的小食谱里"。比如最近新学的是"彩椒开会"，把红、黄、绿三色水果椒切丁和鸡脯肉一起炒，实验成功！女儿现在隔三岔五吵着要吃。

"女儿四五个月时，我就拿胡萝卜煮水给她喝，一天喝一点，慢慢让她熟悉胡萝卜的味道。等她再大一点的时候，就给她吃胡萝卜片，现在的女儿可是个胡萝卜迷，小嘴嘎吱嘎吱吃得可欢了。"

另外，宝宝挑食让妈妈们觉得头疼，但嫔嫔有自己的一套。女儿不喜欢吃的东西，她会用转移注意力的生动方式让孩子吃。比如，女儿不爱吃青菜，她就动员全家人在餐桌上开展"吃蔬菜大赛"，或者干脆拿一个喜羊羊的玩偶，一边吃菜一边发出"咩"的叫声，女儿也开心地有样学样，不知不觉就把菜吃了。"妈妈们不要老是死板地和孩子讲这个有营养、那个要多吃，因为小孩子不懂什么叫营养，不如用生动的方法来教育她。"

在饭桌上和女儿"抢吃抢喝"

嫔嫔还非常注重培养宝宝的独立意识。比如，孩子幼年时期最根本的要事就是吃，特别是独生子女，因家庭环境的不平衡，很多宝宝从吃开始不觉中形成稳固的"霸主"地位。但嫔嫔在饭桌上偏偏要和孩子唱"对台戏"，抢吃抢喝绝对当仁不让，如果抢不到就像个小孩一样和女儿撒娇。女儿在嫔嫔的影响下也开始懂得谦让，逐渐养成的习惯不仅影响吃上的风格，还渗透到了生活中。

现在，不但女儿吃东西时会想到给妈妈留着，还会在休息天趁嫔嫔和老公睡懒觉时把面包、牛奶当作早餐送到爸妈床边，而女儿也在嫔嫔的感谢和夸奖中备感成就和快乐。

让人意外的是，带女儿外出用餐时，嫔嫔从不拒绝洋快餐，她的道理是"没有垃圾食品，只有垃圾吃法"，"比如我偶尔也会带她去吃 KFC，但从来不让她当饭吃，一般都是点蔬菜沙拉、土豆泥之类的非油炸食品，炸鸡翅是从来不让她吃的，就是薯条也不过是尝几根"。

嫔嫔觉得这些装修欢快的餐厅环境是教育宝宝学会分享的最好地点，"比如，我每次都可怜巴巴地望着女儿说'给妈妈也吃一点呗'，她会看看我，点点头，然后我就开始疯狂地吃，最后吃到她嘴里的也不过两三根薯条，但她一样很满足。"嫔嫔说，"不要拒绝孩子对吃的要求，因为遭到拒绝以后他们会自己想各种办法满足自己的要求，那才可怕。"

辣妈名片

臧锦宜｜西湖明珠频道首席主播

当我成了你　我才更懂爱

臧锦宜是一个忙到不可开交时还把工作说到眉飞色舞的女人，一直以来，她都觉得再没什么可以超出自己对工作的热情与投入。

自从几年前升级当妈，那个传说中的铁娘子，一下子温柔了起来，开始报复性地女人味大发。

如今那个略带强势的女主播，工作之外哪还顾得上什么仪态、什么矜持、什么御姐范儿，娃就是天，娃就是腕儿，娃就是她最急需拿下的24小时滚动突发直播事件！锦宜终于明白，这就是母亲，有了娃，女人就变成了超人，一个人能分成两个用。

用孩子的眼睛看世界

锦宜的女儿天天，小名叫"屁天"。之所以为一个女孩子取了个这么不着调的名字，是因为有了女儿后，锦宜乐得"屁颠屁颠"的，故此借了个谐音。

现在，小屁天已经4岁多了，但屁天娘却看起来比怀孕前更加年轻、漂亮、时尚，锦宜把这归功于自己时刻有一颗誓与女儿做姐妹、和孩子一起成长的童心。

锦宜觉得，一个做了母亲的女人可以健康、美丽又时尚，最主要的是心理状态。此外，要当好妈妈，还得尝试用孩子的眼睛看世界。很多时候，当女儿哭闹、不开心时，她首先想的不是如何哄她、安慰她，而是她为什么会产生这样的情绪。比如，为什么发脾气，为什么不愿意吃饭，为什么很晚了还不想睡觉，为什么一玩就停不下来……"我会把自己的思维换成宝宝的思维去想这些问题，得到的答案——也许是困了，也许是饭菜不够可口，也许是午睡时间太久，也许想让我陪她一会儿，也许是某个玩具太有吸引力了……一个人足够在乎另一个人就能建立默契。"换个角度思考，让锦宜轻松解决了不少她和宝宝之间的问题。

妈妈抱抱，抱抱妈妈

锦宜的女儿幼时特别爱闹情绪。宝宝哭闹时怎么办？锦宜听过一次育儿心理学的讲座后了解到，其实宝宝在任何时候都是需要关心爱护的，一句轻声的询问，一个充满爱意的拥抱，都能使宝宝很快安静下来，这就是"共情"的重要。在这一点上，锦宜做得尤为出色。

"每次女儿哭闹，我都会过去抱抱她、哄哄她，给她讲讲道理。别看她现在年纪小，也是知道很多事情的，知道我这是在给她台阶下，不出 5分钟，她就会开心地和我玩到一起了。"

如今，屁天已经离不开妈妈温暖的臂弯了，她说得最干脆的一句话就是"妈妈抱抱！"有一次，锦宜半夜收工回家，推开家门，女儿正一脸泪花，刚喝下的奶也吐了一地，爸爸说是原本已经睡下，半梦半醒间大概想起了妈妈的味道，瞬间大哭大闹无法安抚。锦宜一阵心酸，心疼之余，一种被需要的存在感也挺让她满足。这让她想起了自己妈妈的臂弯，此时，锦宜才发现："工作后这么多年，我竟然从没有拥抱过自己的母亲！"

谈起母亲，锦宜觉得很惭愧，主持人工作忙，她很少有闲暇时间陪伴父母。于是，在一次加班回家后，她紧紧地拥抱了自己的母亲，"我突然觉得自己和母亲之间真的很亲，这也是一种需要拥抱的'共情'"。锦宜这才明白，原来母女间的情感也需要形式。

有妈的孩子像块宝

"有妈的孩子像块宝"，这是锦宜的感恩口头禅，拥抱是一种行动，这句口头禅则是她的语言形式。现在自己当了妈，她真心希望这句话也可以成为女儿的口头禅。

身为东北姑娘，锦宜形容自己的母亲是个热情、豪爽，为孩子付出一切的伟大女性。每每有锦宜的同学、挚友来家里做客，锦宜妈妈总会热情款待，和大家聊成一片，让人都搞不清楚，这到底是谁的同学。"再加上妈妈的一手好菜，俘获了无数人，又是煎鱼炖肉，又是和面剁馅儿，美味可口的煎包、饺子，总是吃得大家肚子还鼓鼓的就开始盘算着下次何时再来吃上一顿。"

现在，锦宜的妈妈来到杭州，在锦宜身边照顾小孩。"每天，妈妈要为天宝单独做好两餐辅食，还要动脑筋，怎么样吃得健康营养、吃得可口美味，一个蛋的做法就要变出四五个花样：煮鸡蛋、炖鸡蛋羹、煎荷包蛋、蛋液裹时蔬、蛋黄和面做糕点……妈妈说，要常换换口味，否则宝宝吃腻了就不喜欢吃了。专门为天宝特制的小牛肉饼，用最新鲜的牛里脊肉，剁得碎碎的，再拌上胡萝卜、蛋液，口感嫩滑、营养全面、香气扑鼻，宝宝吃得可开心了。除了让天宝吃好、睡好、玩好，妈妈还要为我和老公准备各种可口的早餐和晚餐。"

有时直播或者录影结束，锦宜饿着肚子回到家都已经是半夜，无论多晚，妈妈都会亮着灯等她回家，给她端上一碗热腾腾的宵夜，看着锦宜狼吞虎咽地送进肚，妈妈才心满意足地收拾完去休息。有时，看着妈妈忙碌的背影，锦宜总是会想：老人家养完女儿还要接着养女儿的女儿，真是辛苦，愧疚感油然而生；但是马上，一股莫名的幸福感立即会涌现，自己都已经当娘了，还可以在娘面前偷偷懒、耍耍赖。所以她常说，"有妈的孩子像块宝！"

当了妈才更懂妈

都说不养儿不知父母恩，生了小孩后，锦宜更能体会妈妈的辛苦。

在产房里生完宝宝，锦宜第一个电话是打给妈妈的。"19个小时的生产过程，6斤6两的小朋友好不容易和我母女相见。当时我第一个念头就是：我妈当年真不容易啊，那得忍受多大的痛苦才把8斤重的我生下来啊。对母亲的敬佩之情，油然而生。我对自己说，以后一定要听妈妈的话，好好孝敬我妈！"

结婚前，锦宜总是嫌老妈唠叨、说她劳心，"每次冷空气到来前，我妈的老调电话就会响起，嘱咐我多穿衣，下雨要关窗，下雪天别开车，一讲就是老半天"。自己当了妈后，锦宜终于理解了妈妈的唠叨，"每天回到家，我都会问女儿一天发生的事，给她讲我一天遇到的事，不管她能不能听懂"。锦宜说自己原来是个很急躁的人，但与孩子的交流中，变得有耐心了。"当自己尝过了生养孩子的滋味，才会理解和明白当年父母每一句的苦口婆心！而且你会发现，自己言语行为中，越来越多地出现了父母的影子，你说出的话都是那些当年他们说过的，连语气都一样。"

锦宜说，"这么多年了，妈妈依然觉得而立之年的我无法料理自己的生活，依然苦口婆心、千叮咛万嘱咐……她希望女儿的生活依然需要她，什么QQ聊天、网络视频、好友空间、微信朋友圈，一样都没落下，她怕跟不上节奏、帮不了女儿"。

第七章

风尚掌柜

风尚名片

陈艺 | 玲珑小镇餐饮有限公司董事长，越剧大师傅
全香关门弟子，浙江越剧团国家一级演员

一袭旗袍韵，一颗玲珑心
杭州女人陈艺的玲珑人生

　　她是个"吃货",最怀念的是儿时在曙光路小巷口排队买的油墩儿;她还是个业余摄影师,餐厅里所有的菜谱都是她的作品,而她的拍摄对象还有每天陪在她身边的 5 只贵宾犬;同时,她是个满怀"江南情节"的怀旧女人,拥有一柜子的绸缎衣衫和 30 多件精美旗袍。

雅之韵,越女芳华

　　西湖边,四月天,桃花带雨柳生烟。

　　站在南山路玲珑小镇门前郁郁的梧桐树下望过去,水波粼粼的西湖美景近在眼前。

　　彼时,这里的美女掌柜陈艺,正坐在装潢极富东方美学和艺术气息的餐厅内,娓娓而谈。脸上始终保持着成熟妩媚又淡定从容的微笑,让人有如沐春风之感。

　　作为出生在烟雨江南的越剧演员,她得到了杭州的天地灵气,西湖清水涤荡出了她韵醇味浓的傅派唱腔;而作为倚湖而居的餐厅掌柜,梅子黄雨浸润着她温婉的性情，于是她打造出了一个又一个代表西子湖畔清幽淡雅风的艺术食府。

陈艺的博客签名是"心花在飞舞的水袖中绽放"。

她眼中的人生就像越剧一样跌宕起伏，有高潮，也有低谷，倘若整首曲子完全是一个调子，那倒真是单调无味了。

所以，她不介意究竟能在灯光舞台演多少个角色，反而更在意的是接地气的真实生活。因为真实的她，比每一个角色都更立体。

味之韵，饮食之魅

从戏剧开始的人生，无法抗拒地打上了戏剧的烙印。外表温婉的陈艺，拥有"直爽、洒脱、热心肠"等性格，她觉得或许是受众多戏剧人物影响而形成的。

作为土生土长的杭州人，这个出生在宝石山脚下、一直倚湖而居的女人，在谈起"杭州女人"的特质时，却仅用了一个最简单的字来形容：美！

美在精致，一如杭州的风景。精致，也是陈艺人生中的一个注脚。

她长相精致，浑身上下洋溢着西湖水一样的脉脉温情。波影流转的眼眸，仿佛倾诉着与众不同的真情，如同一个流利而智慧的手势，带着思考中的感慨与叹息轻轻划过我们光丽如绸的视线。

陈艺打扮精致，一再强调品味的重要，注重服装的材质和细节设计，所以穿的衣服无论是做工还是样式都精巧细致，绝不是抢眼的时尚，却巧于搭配，有十足的优雅味道，细节处的精致更道出了一个江南女子的浪漫情怀。

她吃得精致。陈艺的助理形容她吃桂花糕的样子：小小地咬上一口，再拿面纸小心地抹一下留在嘴角的桂花和豆沙，然后细细咀嚼，慢慢品味，吃相是少见的优雅精致。她还喜欢下厨烹饪一些家常小菜和点心，比如撒上一些薄荷叶的番茄蛋汤，色泽诱人，或者加入姜汁的核桃红糖炖蛋，暖胃养生，最适合女人。味道或许不及大厨，但妙在创意和巧花心思的搭配。在她看来，同样是做一款食物，有人能把它做得美味，有人除了美味，更懂得用心点缀，"就好像没有上面的糖桂花，桂花糕的滋味就会减少一半"。心态淡定的陈艺，以热爱之情和优雅品位做出精品。

更精致的是她的餐厅。不管是在西子湖畔的南山路下，还是在充满文化韵味的古运河边，又或者在北京、上海、宁波，餐厅的宜景宜食都散发着难以抗拒的魅力。

有人称玲珑小镇是个女性餐厅，欲遮还露的墙砖交错、充满东方美学意蕴的写意摆设和戏曲元素，处处张扬着温柔细腻又爽朗大气的个性。而无论是格调还是菜品，都带着女主人的个人气质，精致玲珑中还透着典雅。所以很多心灵剔透的杭州姑娘，都爱把这里当作他们的聚点之一。

衣之韵，锦绣旗袍

有的女人在岁月中增长的不仅是风韵，还会坚守住最初的单纯。陈艺会穿中式服装，绣花、滚边、盘扣，色彩要经典的黑、白、红，带一点点夸张的明艳点缀，妩媚兼典雅之情，两种气息的混合，不经意间散发出纯洁的性感。

带一点"民国情节"的陈艺，还对旗袍情有独钟。她的衣橱里，挂着30多件不同款旗袍。

陈艺要把旗袍穿得时尚，面料可以是华丽的缎子，也可以是舒服的棉布，颜色有素的，也有带花的，挑选的唯一标准是要能让她感受到那件旗袍是有"情绪"的。此外，她淘来的旗袍，很多都没有"下半身"，她喜欢把下半身的空间留给各种潮牌的牛仔裤来发挥优势，最后再搭配些玉坠或是个性配饰。短发、玉坠、牛仔裤，有了这些关键词，旗袍在陈艺身上不仅凸显出她玲珑的身段，更还原出了一点民国范儿。

四月是踏青品茗之时，陈艺为自己准备好了一件新的旗袍，黑色的缎面上缀满春意盎然的绿叶图案，映衬在春天爬山虎的叶子里，朦朦胧胧间让人觉得有一股独特的娴静灵韵。

品之韵，漫活人生

陈艺觉得，生活在杭州，重在细细品味。

白天，她通常会在练功房里度过。没演出的晚上，她一准出现在南山路的总店，还会亲自端盘子、点菜、收银。最近，她正忙于筹备6家分店"越餐厅"，店里的"一笔一画"她都要亲自去做。

别看陈艺每日都被安排得满满当当，但她依然会在心情疲惫之时，以一种潇洒的姿态抛开忙碌的工作，在阳光明媚的午后去梅家坞品龙井茶、吃农家菜，呼吸新鲜空气；酒足饭饱便带着心爱的贵宾犬去柳浪闻莺蹓一踱步，伸一伸懒腰，望一望拍婚纱照的爱侣；或者带着相机跑去南宋御街走街串巷，拍一拍街边的美食和市井生活，悠悠然当一回观光客……

对于自己的现状，陈艺表示满意。每个人追求的幸福感不一样，她所追求的是充实每一天，从而让心灵达到一种自由的状态。很少有女性将"自由"当作人生的完美境界，而从陈艺身上你会感受到，一个女人自身散发出的能量，这里没有依赖、没有矫情，有的是从强大的内心焕发出的明媚光辉。

热辣多变的美女掌柜阿丽

　　"Jura(汝拉)是法国一个幽静的小镇,只有9户人家",当年去旅行时,阿丽迷恋上了那个盛产黄葡萄酒的地方,回杭州后便任性地给自己的小店取了这么个名字。十余载已过,如今回忆起来,也不禁莞尔。

　　"当初栽下这棵小树时并未确信它能顺利成活,如今却也枝繁叶茂,茁壮成长。"下个月,刚刚过完7岁生日的汝拉,即将迎来第6家分店,看来这个"小镇",越折腾越有范儿了。

　　更有范儿的自然是小镇的老板娘,这些年来在餐饮江湖里摸爬滚打,掌门人阿丽早已沉淀出自己的一套淡定而果断的生活哲学。如今的她,生命中最重要的事情,并非如何扩大自己的餐饮王国,而是如何用自己的成绩,去为更多的人带来满足与感动。

喜欢大包大揽的丽姐

　　阿丽长得像混血儿,皮肤娇嫩,个子不高,年龄不大,乍一看弱不禁风的女孩,做了不少男人们做的事情。

　　阿丽不喜欢别人叫她老板，私下里，员工们都唤她"丽姐"。如果哪个员工受了委屈或是被人欺负，丽姐铁定第一时间出头，店里如果遇到客人故意刁难之类的揪心事也都是丽姐出面摆平。她的口头禅是，"女孩子干男孩子的活，让男孩子郁闷去吧！"

　　这话绝非托大，阿丽是个超级喜欢大包大揽的姑娘。估计你很难想象汝拉餐厅的第一家店开业前，她没有请一个工人帮忙装修，从种树、建栅栏、造秋千，到刷油漆、打扫、买餐具，全部事情都是她带领店里当时仅有的两位员工亲手干的，偶尔有热心的朋友过来帮帮忙，总能听到阿丽大喊一声"放着！我来！"就像她自己说的，只有亲自动手、用心去做，才能让"小镇"拥有她本人的气息和灵魂。所以如果你坐下来细心感受，就会发现院子里的一草一木、餐厅里的一桌一椅，都散发着她那种随性的味道。

　　这样洒脱的姑娘，对员工们也照顾有加。丽姐为每家店里的员工在餐厅附近租下一整幢小楼，取名"汝拉之家"。她特地在院子里种了花草，每一层都安装了空调和热水器。平日空暇时还会在店里为员工们举办台球比赛，并设置丰厚的奖金；节日时偶尔会关门一天，带大家一起去郊游。员工们都觉得她像自己的家人，亲切又体贴。这让人不禁感叹：真是一个有情有义的好姑娘。只有当某日老板组织晨会，站在院子里对着一排排比她高出一两个头的男人们训话的时候，那份大女人的霸气劲儿就全回来了。

个性如热情火辣的"焰鱼"

性格大大咧咧的阿丽,在经营餐厅方面却十分严谨细心。

她欣赏我国台湾地区的饮食管理理念,又喜欢马来西亚的热辣美食风味和人情味。"当下很多人注重的是吃的环境,真正的菜肴倒成了次要角色,做得好固然是锦上添花,做得不好也有人捧场。"但阿丽倒是觉得,一家好的时尚餐厅,绝对要好风景加好菜品。汝拉小镇的私房菜,自然是有足够吸引力的菜色,菜品是时下流行的混搭,底子是东南亚风,同时又创意十足,特别是那些地道滋味。

阿丽曾为一道私房菜和一家餐厅取名"焰鱼"。一道装在铁锅里的烤鱼上桌后,服务员会用火枪点燃喷洒在鱼上的白兰地,鱼的表面会瞬间燃起火焰,很是霸气,再配上东南亚口味的酸辣浇汁和各色新鲜蔬菜,色彩丰富的同时又饱含多变的口感,正是那种阿丽口中形容的"可以让男人们吃到大汗淋漓",这是她爱上"焰鱼"的原因。就好像她自己的个性,热辣奔放,狂野多变。

最爱"汝拉"夜晚的暧昧

现在,汝拉已经开了6家分店,位置几乎都在景区。

不同的是,各有各的味道和无法复制的魅力。

不变的是,每一个汝拉小镇,都拥有一个惬意的院子,超级大的阳光房。遇到值得庆祝的日子,门前的院子里会搭起帐篷,燃起篝火。

阿丽说自己最迷恋夜幕降临后的汝拉，此时的小镇散发着一种暧昧的味道——像家，但又不是家，懒洋洋地放松着，消磨这无尽又幸福的夜。

很多个夜晚，月光轻盈地绚洒在小院里，投下点点光斑，人很少，风很轻，一切刚刚好。

这样的气氛让阿丽觉得感动，每当这个时候，她总会舒服地靠在椅子上，看着餐厅院子外面来来往往的人群，在月光与灯光交替的光影中，在户外女歌手懒散的低音里，回忆漫步在法国小镇上似曾相识的场景，浮想联翩。

女人如茶，甘醇清香

美食家沈宏非说她是自己去杭州必访之人；主持人汪涵笑称她是"禅门一枝梅"；麻辣情医吴迪说她是体会得到大地之美的魅力女人，能听得懂自然之音。"杭州市品质生活代表人物"的评选活动中，她曾多次榜上有名；爱马仕中国风尚100人的评选活动上，她在品牌100周年纪念册上写下了自己的人生愿望：愿穷尽一生把融合了天地之气的茶的美和这种风雅的生活方式奉献给世人。

传承中式文化，喝一碗茶、听一段故事

午后，和茶馆悦容庄店的茅草屋里，流光照进古色古香的店堂，时光仿佛回转了几百年：庞颖坐在木椅上，悠然地拎起水壶，煮沸的虎跑水沿敞口瓷杯的杯壁直冲而下，她亲自上山采制的黄山野毛峰茶叶，沿着杯壁打出圆圈。静止片刻后，一股清香随杯四溢，此时木格窗外传来潺潺流水声，好一派中国写意派山水画的滋味。

庞颖是个能折腾的奇女子，学 IT 的当了 15 年大学老师，在 30 岁出

头忽然跟收藏结缘，曾卖了自家的房子收古代首饰。她跟马未都学收藏，开茶馆是为了展览她的"宝贝"。

"店堂里摆上各式古玩，茶客可以坐下来品茶、吃饭、赏古玩、论茶道，发思古之幽情，瞧见喜欢的玩意儿就拿走！当然，钞票得留下。"庞颖风趣地谈起和茶馆当年刚开张时的情景。

人家的茶馆开业都是大宴宾客、大摆茶席，而她玩了个趣味拍卖。来的都是圈中好友，本打算一元一个送给朋友们的珠子，拍卖到1000多元。开业典礼闹了个满堂彩，以后的客人挡都挡不住。最离谱的是有一个客人打电话，订了好几次位子都订不到，竟然要在厕所里喝茶，为的就是要在茶馆里欣赏明清家具。

一晃十多年过去了，如今在庞颖的和茶馆里，你依然可以看到一些古董陈设。许多人心目中的收藏家都是把东西藏起来，偶尔来个眼红的想看看，可能还得苦苦相求。但庞颖不然，再贵的古家具都让你用，她说那叫"裸放"。

所以，在她的茶馆里，一只不起眼的小瓷瓶，一张摆在角落里的小桌子，都可能是年代久远的古物，女主人欢迎客人摩挲以增加那些老东西的"人气儿"。那些她收藏的古佛像、古家具、老绣片、老水具，浸润在悠悠香茗气氛里，恍如揭开了尘封的美。

在她眼里，好的古董应该是"用"着，而非"供"着，"我这不叫显摆，是一种态度。东西都摆在外面，该放东西的就放，有实用价值的就用，这是表明我的诚意"。与古玩行当相依相知了20年有余，庞颖早已读懂了"收藏"的真谛。一杯好茶，一段故事，一屋子古玩，仅此而已，认同就好。

穿宋褙子、戴 DIY 古董首饰，真正的时尚是永恒的美

庞颖曾屡次入选"杭州市品质生活代表人物"。

她形容自己是个追"古"而赶"时髦"的女人，善于用现代人的眼光去发现古典的美。"80 年代，我学 IT、穿喇叭裤，渐渐发现时髦的衣服很快就被自己扔掉了，计算机一段时间不学就被淘汰了。后来我学收藏，才明白，真正的时尚是一种永恒的美。今年买的名牌服饰，可能明年就被我清理出衣橱，但这条西周时期的玛瑙手链会一代一代地传下去，这是真正有价值的时尚。"30 年过后，这个当年穿喇叭裤的计算机老师，早已深谙时尚的真谛。

如今的庞颖，会邀请时尚界人士到茶馆来欣赏自己的古代珠宝，而她搜罗的古董里的那些小配饰，不少都成为她自己的个性配饰。比如唐代的绿色琉璃，原来是唐朝家具上的饰品，加上庞颖的设计与现代的工艺，成了特有的戒指；明代的玉器、唐代的金珠、西周的玛瑙，被她混搭编成了一条非常有个性的手链；清代的宝蓝色挂件，看起来也别具特色……每一件，都很有故事。

此外，这个中国风饰品的 DIY 高手，还喜欢穿传统的中式服装，特别钟情宋代的款式，那是她认为女子最清雅的年代。她会在茶馆里举办宋代服饰秀，完全把宋朝女子的成人礼和婚礼复制并呈现出来。那些襦衣、观音褂、女褙子……穿在一个个模特身上，简洁时尚，淡雅恬静。

生活中，庞颖也会穿着仿宋服饰去赴约、出席茶会或者参加酒会。她会找宁波著名的裁缝定制 2 万元一件的手工织造的罗衣，还有麻质的手工刺绣褙子和一些手工织的袜子、鞋子，也会在过年时特地为自己订制一件喜气的红色褂子。那些简洁而清雅的服饰，穿起来舒服又过足了"穿越"的瘾。她还为女儿做了一件对襟的女褙子，这个在圣马丁学院读设计的女孩，把这件褙子秀到伦敦街头，瞬间成了最亮眼的时装。

品茶是美好永恒的生活方式

"当初因为玩古董而开茶馆，是想把美好而永恒的生活方式呈现给大家。后来学茶，才明白：古董再辉煌已成过去时，茶叶才是现在进行时。"所以，玩古董也好，穿古衫也罢，掌门人的真功夫，说到底，还是"赏壶，品茗，谈茶道"的高深莫测。

庞颖讲茶道的本事了得！

据说庞颖能让一个喝惯了咖啡的洋博士，第一次进和茶馆就迷上了中国的茶，一个月之内就带着钞票找她要做合伙人；爱马仕请她到郭庄讲茶，一盏茶的工夫，爱马仕的全球总裁便对她说，那一杯茶令他喝出了西湖山水的味道。而在此之前，庞颖压根儿就不知道"'爱马仕'是什么"。

由此可见，庞颖精通茶道的内功何其深厚。不过，起初的庞颖并不懂茶，为了学茶，她走进茶山，跟着茶农，在一口滚烫的老铁锅前亲自炒青，然后揉捻、晒青，实践每一道工序；为了懂茶，她两次走茶马古道，试图读懂茶的历史。

十多年来，庞颖走遍了中国大大小小的茶园和数不清的山头，她看得懂当地人的饭桌、读得懂当地人的茶经。一边把一方山水喝到肚子里去，一边将寻茶、品茶所得与大家分享。

庞颖眼中的茶，"既有历史，又有现在，既能感知悠闲，又能体会自然"，她愿意身体力行传播现代版"茶经"，她说寻茶、学茶让她的视野大开，多活出了一辈子。

茶叶是最有价值的奢侈品和最高级的保养品

"枣泥蛋糕的糯香最适合九曲红梅的娇媚；大红袍的适宜茶点是吴山酥油；江南清淡的稻米鱼虾餐桌上总会有一杯小叶种的绿茶，饭后喝一盏上好的龙井，会把淡水鱼虾的鲜甜细腻勾勒得淋漓尽致，让你对一桌美食回味无穷。"茶杯围着餐桌转，如今的庞颖不仅深谙不同茶叶之习性，了解每一道茶适宜搭配什么点心，对如何用最适合的器具泡制茶水独具心得，更是对如何"沏"出一杯好茶了如指掌。

茶道、茶经对庞颖来说，就是一门独特的语言，生活也变得不一样的宽阔。

每每有茶人、藏家或友人到杭州，都愿意过来拜访交流。闲来无事，三五好友依山而坐，喝茶聊天，互相切磋。美食家沈宏非喜欢喝她的茶，除了切磋茶艺，"茶膳"亦是他们非常有兴趣的一个话题；高僧爱与她饮茶，因为和出家人参禅一样，庞颖除了品"茶之味"，更懂得通过品一杯

"禅茶"来悟心；香港的书画藏家带来价值不菲的茶叶找她，她有幸得以品尝。在她眼里，茶叶是中国人最有价值的奢侈品。

茶叶也是她最"高级"的保养品。50多岁的庞颖从不化妆、从没进过美容院、从不忌口，但皮肤超好，看起来容光焕发。

她把绿茶当水一样洗涤自己的身体，跋山涉水，从没擦过防晒霜，抗氧化、防辐射的绿茶是她最好的防晒排毒饮品。她也会把山里的野生蜂蜜和乡间的玫瑰纯露带回来，调配一定比例的水擦在脸上，美白、保湿且消炎。她经常告诉其他女孩子，"我的护肤品非常高级、非常便宜、绝对天然"。

内心住着一个"爷"
对自己"狠"一点才能更强大

从舞蹈演员到旗下拥有 2000 多名员工的餐饮品牌掌门人；从当初的 4 张桌子到客似云来，一天翻桌近 20 次；从一家名不见经传的青年旅社到被评为"杭州最具特色的休闲餐厅"，再到目前遍布全国多个城市的 20 多家分店……路研和她一手栽种下的这棵"绿茶"，就这样成了杭州餐饮界的一个传奇。

更给力的是，在路研的蓝图里，"绿茶"将在全国加开 23 家连锁店，而品牌上市也许就是不久的事。

这个爽朗、直率的东北姑娘，正率队在打造杭州知名餐饮品牌的大路上撒欢地奔着。

释放自我，让味蕾轻舞飞扬

路研到杭州十几个年头，在这个城市，她找到了归属感，收获了爱情、事业、家庭、朋友，而自己也早已沾染上了很搭杭州的"调子"：相对懒惰、绝对快活，马不停蹄地拼事业、"慢悠悠"地生活……

绕不开的话题是她的餐厅，"绿茶"对路研来说，就是一杯化不开的"绿"，永远充满着生机。

来过绿茶的人都懂，无论你在哪个时间造访，它似乎永远不会让人感到孤单。那里有一股闹腾而生动的人间烟火：客人高声招呼伙计点单，伙计端茶倒水的动作熟练生动，姑娘围在一起自拍；有人喜欢吃绿茶烤鱼，有人中意面包诱惑，即便最简单的一杯芒果冰沙，也能叹出一份笃定和悠闲。

路研很喜欢这种气氛，"一家大小一起喝茶，吃东西，拍照，聊天，看起来好像很琐碎，但是很温暖"。

这种充满生气的气氛就像她本人一样，热情、积极、乐观，而这里也充斥着她对生活的表达。"开店是表达我生活方式的一种很好的方法，我的每家店都是我某一成长阶段的一段经历、一种爱好或者说一个'超浓缩'。每家店也都不太一样，能够看到我对生活的不同理解和感悟，它们已经成为我释放生活的一个'载体'。"路研说开店和她当年跳舞一样，都是一种释放和表达：曾经跳了十年的民族舞，是让青春在舞台上释放；如今修炼美食，是让味蕾轻舞飞扬。

拥有"中级厨师证"的厨娘，最爱四川"苍蝇馆子"

身为餐厅掌柜，路研算得上是杭城吃货圈里的"名嘴"。

这个吉林大山里长大的丫头，说自己打小就嘴馋，童年最大的爱好就是和小伙伴一起，在野地里把逮来的蚂蚱串成串烤着吃，"现在回想起来觉得当初真够'凶残'的"。

很多年过去，"吃心不改"的路研，年纪轻轻堪称"老饕"级别，基本上什么奇奇怪怪的东西都吃过，蛇、青蛙、蜘蛛、蝎子……口味也相当"江湖"，从各地豪华的高档大酒楼到地道的路边小摊，最爱的是四川"苍蝇馆子"里的酸菜蛙和黄辣丁。

吃得多了，舌头也越来越灵敏。现在她去餐馆吃饭，一道菜上桌，几口就能尝出原料新不新鲜，哪种调料放得不够或者放过了，能说个八九不离十。不光会吃，身为女人的路研也"下得了厨房"，这可不像童年的"烤蚂蚱"那般简单。当初开第一家店时，她就亲自下厨、研究菜品，还考出了国家中级厨师证，如今绿茶店里的主打菜都出自她手。

"女人一定要品尝生活中的各种滋味"，在路研看来，女人的身份比起老板娘分量更重。所以她懂得享受生活带来的不同滋味，只有会生活的人才能找到美食、制作美食，并且真正品尝它们的美妙滋味。

修炼中的"禅猫"

尝尽各地美味的路研也试过连续 7 日不进食。因为看了张德芬的《遇见未知的自己》，她曾经跑去泰国体验断食灵修，连续 7 天，只喝水，练习静坐冥想，不吃任何食物。

很多人以为断食就是"绝食"，路研说它真正的意义是灵修锻炼，目的是让心智及灵性得到提升。因为断食的时候不用太多能量来消化食物，大脑会变得极度清晰，如果以适当的灵修方法引导这些能量，将可以锻炼

269

和提升修炼者的心智。

现在，她保持着一年断食 3 ~ 5 次的习惯，每次坚持 3 天，"断食不仅磨炼了我的意志力，更是一种定期的'净化'，让我觉得身、心、灵得到健康自在的新生，但我不提倡女孩子为了减肥而节食"。路研说她自己就是一个在修炼中的"禅猫"，这是她体验断食后，从中得到的一种觉醒。

内心里住着一个"爷"

"一个外表像女人的'男人'"，这是直率、爽朗的路研，为自己树立的一个 ID 形象。各方面不输男人的她，早已习惯用富有态度的着装来为自己的气场"加码"。

因为拥有好身材，路研演绎着各种时髦的装扮，跟她餐厅里的食物一样，充满"诱惑"的味道。

和所有女人一样，路研也喜欢性感的晚礼服，不过性格大大咧咧的她最擅长利用 boyfriend 风服装，营造漫不经心的性感：比男人曼妙，比女人冷傲。她觉得中性帅气的服饰与女性气质的混搭更能将妩媚的气息反衬出味，"男人的衣服，男人的气势，包裹着女人凹凸有致的身体和柔媚内核，太美妙了！"

真正的气质有时也在于改装的乐趣。所以，她买了许多男款手表、男装品牌衣服和裤子，喜欢收集中性又时髦的帽子。在她看来，鸭舌帽、干练的烟管裤，搭配潇洒的宽肩"单西"，就是一种"简洁而有力量的性感"。

卖红酒、开餐厅、做慈善
活得像杯中红酒一样，
芬芳馥郁、余香袅袅

何莉莉爱折腾，身体里隐藏着许多的不安分因子。时装、聚会、油画，都是她生活中的主角；卖红酒、开咖啡馆，样样玩得转。

她说杭州女人有一个范儿，说骄傲不骄傲，但总有一种随心所欲的感觉，有梦想就去追求，不会为其他的东西所改变，同时怀着一颗善良的心。"我是一个很根本的杭州女孩儿，这是我不愿改变的性格本色，我的生活态度就是杭州女人的生活态度。"她始终强调要做一个好人，更相信"好人终会有好报"。

10 年时间，足以让任何一个人经历许多改变。对于何莉莉来说，这 10 年里她完成了两次漂亮的飞跃。

她曾用 5 年的时间潇洒闯荡高尔夫江湖——Minotticucine 高尔夫邀请赛女子组冠军、"BMW 杯国际高尔夫球赛"中国区决赛女子组冠军、澳洲黄金海岸神仙湾高尔夫俱乐部中国形象大使……大大小小的奖项和 N 多令人骄傲的头衔，足以让她成为杭州高尔夫圈里赫赫有名的"女老虎"。

随后的 5 年，她顺利完成了从专业的高尔夫球手到葡萄酒商的华丽转身。在这5年里，她每年定期去酒庄参观学习，经常深夜，甚至凌晨去西餐厅、酒吧推销。为了在短时间内快速积累葡萄酒的专业知识，她家里堆满了各种葡萄酒的书籍。

每瓶酒都是有生命的

一个懂得品味红酒的女人一定是懂得品味生活的，而这样的女人也与红酒互相美丽着。

第一次亲密接触葡萄酒，何莉莉就迷恋上这美妙的红色液体，越陷越深，"品质越是好的葡萄酒越能带给你一饮难忘的魅力，就犹如出众的美女一样，让人过目不忘并深深印在脑中"。

爱红酒的女人知道宠爱自己，何莉莉相信红酒是属于女人的酒，更是属于成熟女人的酒。

在她的工作室里的恒温酒柜，存了50个品种、近百瓶的葡萄酒，大部分都是名庄酒，她偏爱意大利酒庄的酒，因为许多来自意大利的葡萄酒拥有艺术品般的气质，像女人一样高贵。莉莉曾经在慈善拍卖会上拍下2万多元的意大利酒王GAJA，也曾买过N瓶上万元的好酒。问她哪瓶酒最贵，她说你最欣赏哪瓶酒哪瓶就最贵，每瓶酒都是有生命的，要看跟你有没有缘分了。也有很多人问她该买什么酒最有收藏价值，她说爱酒无关价格，你觉得一瓶好酒值多少钱它就值多少钱，你喜欢它是因为它跟你有缘。

"红酒在我看来比白酒高贵，比啤酒文雅，多了一种情调，少了一分酣畅淋漓。"何莉莉希望能够与更多的人分享葡萄酒文化，让越来越多的人，跟自己一样喜欢上这种新的生活品味，而不仅仅成为一个单纯贩卖红酒的商人。

所以，往往有莉莉的饭桌和派对，前菜、主菜、餐后甜品都会有最合适的酒来搭配，而且她会提醒要在最好的温度喝掉。所有能喝酒的、不能喝酒的人，都要喝掉她倒的酒，很霸道吧？可朋友偏偏越来越喜欢她的这种"野蛮"了。

开一家有葡萄酒文化的咖啡店，把西方平民美食文化带来杭州

葡萄酒生意做得风生水起，何莉莉又顺势跟两位合伙人在头营巷开了一家以葡萄酒文化为特色的露天咖啡馆，名叫"莫里"。

这是一家带着浓郁伦敦 loft 风的以葡萄酒为一大特色的咖啡店，宜景宜食，散发着难以抗拒的魅力：电线、砖墙、钢管等原始建材暴露在外，而环境的粗糙个性尽显食物的精致细腻，裸露的冷酷质感反衬出食物本有的温度……从格调到菜品，处处张扬着女主人的个人气质：热情爽朗、潇洒大气。

"最近几年，杭州有很多设计风格很温馨的咖啡馆冒出来。而我喜欢的是那种线条更硬朗一些的，更随性一些的。我们还把门口的空间重新整理了出来，种上薄荷、迷迭香，开辟了一大块露天的场地让客人更自在随意地喝东西、聊天。"莉莉说自己很喜欢欧洲街头的那些小餐厅，面积不大，价格实惠，食物美味，她希望把西方的那种简单而时髦的平民美食文化带来杭州。

身边了解何莉莉的人都知道，她不是那种"混圈子"的人，而是一个"制造圈子"的人，经常自己出钱出力组织一些酒会，或者一些不一样主题的派对，希望大家能在一个轻松自在的氛围里互相交流，一起做更多有意义的事情。自从开了咖啡馆，小小的莫里便成了她和身边朋友最常聚会的地方。每每有朋友到访，热情好客的莉莉经常会用龙虾、鲍鱼、生蚝之类的美味海鲜款待大家。她说开餐厅要怀着一份诚意，"我把最新鲜的食材提供给客人，用橄榄油烹制食物，用做葡萄酒酒会的品质来经营这家小小的咖啡馆"。

生活，像杯中红酒一样芬芳馥郁

"女人像红酒一样，或许品种不同，色泽不一，味道各不相同，但只要尽情做自己，都一定会绽放出最璀璨的光彩。"正是亲身实践着这句话，何莉莉每天出门前都会精心打扮自己，仿佛隆重拉开新一天的美好序幕。有时在上班路上，她会为自己买一朵玫瑰花，装点办公桌，用火辣的鲜红色点燃一天的工作时间。中午再忙，都铁定留出半小时，用美食好好犒赏自己的胃。每晚临睡前的仪式也很重要，饮一小杯红酒，再放一张轻柔的唱片来给美好的一天收个尾。

邀闺蜜来家中下午茶时，她会准备意式咖啡、美式咖啡、锡兰红茶、英国茶和十多种法国红酒，多种口味以备挑选，还会配搭小点心、奶酪，布置上鲜花愉悦心情。"优雅绝不是流于表面的奢华，也不是矫揉造作，而是热爱生活的姿态，是一种追求更美好的自己的内在动力。"

当然，这个外表倔强和潇洒的女人，也有柔软的时刻。多年来，善良的莉莉一直热心慈善事业，不仅捐款，更身体力行地投入各种公益行动，还经常组织一些关爱流浪猫狗的行动。她曾花了大半年的时间，耗尽大量的精力、财力组织了一场公益活动——"中国微笑行动"，在活动结束的慈善晚宴上，她和她的团队为患病儿童筹集了350万元的善款。莉莉还将自己温情的目光投向了那些流浪猫狗，她说猫和狗是最贴近人类情感的动物，我们应该多给它们一些温暖。

生活中，热爱动物的何莉莉养了5只比熊，每天，只要莉莉一出现在它们的视野里，5个小家伙就开始围着她撒欢，顺着洒满阳光的小路奔跑而来。在拍她和狗狗们在一起的照片时，她只顾着低头喂食，慈爱地招呼每只狗来吃东西，总是忘记抬头看镜头。

从来佳茗似佳人
面对一汪西湖水，静饮一杯龙井茶

栽下西子湖畔"一抹绿"

杭城茶馆无数，若提及"青藤"恐怕无人不知。这里曾获蔡澜先生美誉，也得莫言把盏题词。定居北方的作家张抗抗但凡回杭探亲，定要到西湖边的青藤茶馆坐坐。她说，"除了西湖边的青藤，哪里她都不会去"。

从湖滨三公园对面的一家40平方米的小茶馆起步，几易其址，发展到西湖边上的标志性地理概念。如今的青藤茶馆，已然成了杭州茶客心中绕不开的喝茶去处。

在西子湖边栽下的那株小小的青藤，像茶树一样，有着它旺盛的生命力。如今早已枝繁叶茂，绵延、舒展。

当初种下"那抹绿"的毛晓宇，和青藤一样，也经历了一场从青涩少女到文艺茶人的蜕变，不变的是她想做出最自然、最本土和最接地气的茶馆的理念。用茶树一样"拔地生长"的茶人态度，沏泡出充满生命力的清雅茶梦。

从酒店接线员到"茶世界"主人

20 年前的毛晓宇,本是杭州国际大厦(现雷迪森酒店)的接线员,后来趁着 20 世纪 90 年代杭州盛行的那一股"茶馆热",和她的姐妹一起辞职,在西湖边开了一家小茶馆,取名"青藤"。

回忆创业之初,难免叹一声辛苦。当初,毛晓宇既是老板,也是员工。她每天很早到茶馆,深夜打烊,清晨又要准备下一天的生意,一天到晚忙个不停,但她乐此不疲。请不起服务员,这个 26 岁的姑娘便穿起蓝格子旗袍,自己当服务员,为客人表演茶艺。还拿来自己收藏的各类茶叶、精美茶具,开始打造心中那个茶世界。

江南女子的聪慧和机灵让她创意不断,一改茶馆经营之道,在确保茶品质量的同时,做起了千张包子、茶叶蛋和豆腐干等风味小吃。在她一手打造的"茶世界"里,人们不仅能品尝来自世界各地的茶,吃到点心,还可以欣赏不同茶的泡制过程。

"在杭城茶馆业中,我们率先参照古时候的做法,不再限于清茶一杯、清谈一场,而辅以各种鲜美的点心和小吃,让喝茶有了更丰富的形式和内容。而不同的茶需要不同的茶点来调节口味,比如绿茶配咸的点心,巧克力可以搭配一些红茶。"每一道茶的特点,适宜搭配什么器具、什么点心,这是毛毛多年的经验总结。

茶是永远的主角，回归"记忆中的味道"

青藤茶馆自助形式大获成功，与毛毛的用心程度密不可分，"最关键的是品质，自助一定要做精，制作要花工夫"。

虽然自助很受欢迎，但青藤茶馆还是坚持茶是主角，严把茶品质量。毛毛很自信，自家茶馆中的茶叶一定是同类型茶馆中最好的。这样一种精致的呈现方式，茶客们感应得到。

不过有些时候，毛毛听到朋友说"去你家青藤吃饭"这样的话时，她会略感气恼，觉得自己开的是茶馆，怎么反而被大家当成餐厅了。"餐饮的加入，把原本清净的茶馆氛围搅动得热闹喧哗，一些老顾客会抱怨太热闹了。"茶馆是品好茶的去处，吃永远都是辅助和点缀。

毛毛坦言，她希望可以回归茶本身，寻找、挖掘关于茶本来的特质。她更想做的是"回归关于茶最开始的记忆"，那里有打扫得很干净的庭院、旧旧的木门、光滑的石头、河边休憩的路人……毛毛对茶的感觉是"记忆中最忘不掉"的那些场景和画面感。

西湖边走来一位"俏佳人"

多年来，毛毛和搭档沈宇清一起，把青藤茶馆开得温婉流畅。来到她们的茶馆，好似来到了一户江南人家，主人家一边招呼客人，一边唤家里的姑娘出来倒茶。或热闹，或安静，处处透着江南人家的韵味，好似西子湖边的一位俏佳人。

毛毛的性情温柔和气，这种性情不仅是茶道赋予她的宁静，更是生活教给她的善良。她把每一位茶客都当作自己的朋友，真诚相待，热情服务。而她善待的不仅是四方来客，还把服务员当姐妹看待，"青藤茶馆应该成为她们的大家庭"，在茶馆里，她认为员工是平等的，无论服务员还是洗碗工，都友善待之。

如今，虽然茶馆越开越大，生意越做越火，人气越来越旺，女主人毛晓宇却一直那么气定神闲，不温不火。她梳着齐肩的短发，喜用棉质短衫配素色长裙，快人快语，一开口就离不开茶，熟稔的人都亲切地唤她一声"毛毛"。

"从来佳茗似佳人"，在西湖边长大的毛毛，像是西湖周边山上生长着的龙井茶，温婉又清新。茶的氛围熏染出来的恬淡性情，仿佛西湖的水一样，一点仙气，加一点缥缈。而青藤茶馆正是一身江南女子的气息，这里一直保留着青石地板、木栅花窗、明式茶桌等江南民居装饰，形成了"青染湖山供慧眼，藤萦茗话契禅心"的风格。

喝茶是享受，不要孤芳自赏

古人讲寄情山水，怡情养性，喝茶也是一样，要把一方山水喝到肚子里去。对于茶人毛晓宇来说，开茶馆不是玩文化，而是要提供给茶客一个随意轻松的饮茶氛围和最接地气的吃茶方式，"茶里既有历史，又有现在，既能感知悠闲，又能体会自然。无论是阳春白雪，还是下里巴人，都离不开一杯茶"。她认为喝茶是一种享受，更是一种生活方式：走亲访友送茶礼，游山玩水品香茗，待人接物，以茶会友，家中静享也需要一杯香茶来陪伴。

　　生活中的毛毛动静皆宜、爱好广泛。她爱热闹、喜欢到处游走，也乐意宅在家中修身养性；古代江南女子讲究琴棋书画、秀女红，骨子里渗透着传统精神的毛毛也是样样精通。

　　平日里，去茶馆品茗会友，这早已融入了她的生活。"在布置得幽雅整洁的茶馆里，每天对着一汪静静的西湖水，做着自己喜欢的事。"毛毛不喜欢被关在茶馆的包厢里，而会选择坐在大厅里，感受那种热闹的氛围和人群之中的交集感。她笑言自己喜欢坐在热闹的茶馆大厅里"偷听"别人说话，每次看到一些有趣的人，听到一些有趣的事，都是一种收获，偶尔会遇到谈得拢的朋友，她就会大方地请对方吃茶。在毛毛眼里，做人就和开茶馆一样，不能孤芳自赏，而是要接地气、融入生活，被大家接受并喜欢。

第八章

风尚先生

风尚名片

侯军呈 | 珀莱雅化妆品股份有限公司董事长，中国美妆小镇总顾问，中国香料香精化妆品工业协会副理事长，中华全国工商业联合会美容化妆品业商会常务副会长

打造"东方格拉斯"
实现美妆"中国梦"

从用 10 年时间缔造出年销售额"40 亿元"的美妆神话，到成就珀莱雅化身"A 股美妆第一股"的传奇，再到打造"十年千亿元"的美妆小镇和百亿元税收产业园……侯军呈带领他的团队坚守诚信拼搏十余载，不耍花招，不炒概念，靠卖一瓶瓶化妆品，在化妆品产业开疆拓土，步步为营，迅速崛起，成为国内一流的化妆品企业。

而这个从跟着姐夫闯荡江湖到敢说营收破千亿元的男人，如今，正在和法国格拉斯一样有着美丽基因的美妆小镇上，讲述着属于中国化妆品的"美丽故事"。

"忽悠"着"忽悠"着就实现了

平头，八字胡，皮肤黝黑，身材中等，着装低调，初见侯军呈，并不起眼。然而，一旦开口说话，就滔滔不绝，激情四射，顿成人群焦点。

坐在位于杭州珀莱雅大楼 16 楼办公室的沙发上，一贯情绪高亢的侯军呈，在忆及过往时显得更为激动："我把丝绸围巾作为伴手礼送给马克龙，他接过礼物的同时和我亲切握手，并表示非常开心收到这样一份富有中国特色的礼物。丝绸是中华文明的象征之一，马克龙祝愿中国化妆品未来也成为中国的名片。"

站在巴黎罗浮宫美妆小镇全球首次发布会上，他振臂向世界宣告：今天，我们带着一个梦想来到巴黎，一个中国化妆品产业的梦想。在浙江，化妆品作为一个"美丽"的行业，正在走向国际，与世界品牌一决高下；在湖州，一颗全球化妆品行业的新星——升级版"东方格拉斯"，正在冉冉升起。

大概是从喜欢站在国际舞台上为中国化妆品行业"代言"的那一刻开始，侯军呈就被业界冠以"爱忽悠"的帽子。他总能"轻而易举"地搬出一连串数字，让台下的观众目瞪口呆，而他早已投入下一个更大的可能中去了。也正因为如此，侯军呈不仅敢于"忽悠"，更敢于拍着胸脯对全行业说，"我忽悠着就实现了"。

"忽悠"，实则是侯军呈对浙江，乃至中国化妆品行业发展信心的一种体现。也的确，过去15年间，侯军呈带领下的"珀莱雅速度"，全行业有目共睹。

率团队驶向日化业领航者彼岸

1964年，侯军呈出生于温州乐清大荆镇。16岁时辍学，转学汽修，20岁开出了自己的汽修钣金厂，正式开启他的商业生涯。

侯军呈的化妆品生意起源于义乌。20世纪90年代，浙江义乌小商品市场的崛起吸引了一大批有梦想的创业者,侯军呈跟随姐夫来到义乌,瞄准化妆品行业,开始了他"创造美的事业",并一直坚守这条赛道。

2003年,侯军呈与内弟方玉友在杭州共同创立"珀莱雅"品牌,并制定了"将珀莱雅打造成中国欧莱雅"的长远目标。他们带领企业首创行业内的零售商"创富大会",在中国化妆品行业内掀起了一股零售商热潮,迅速实现跨越式增长的同时,也造就了后来国内化妆品行业的一批生力军企业。

为打造历久不衰的大品牌,2008年,二人确立超常规"品牌化"营销策略,投入巨额广告,战术简单粗放,市场回报却颇为不俗:通过广告轰炸,一年内就完成了销售量翻一番的目标。4年后,珀莱雅异军突起,在日化品牌中,市场份额稳居第一,以黑马之姿实现了年零售额40亿元的销售奇迹。2017年,珀莱雅成功在A股上市,唱响了企业蓝海战略。

一去二十载,当年辍学从商的"土"小子侯军呈,时下已俨然成为商界大佬。

温商"硬骨气"成就美妆产业"中国梦"

在中国,做化妆品需要点硬骨气,而珀莱雅的背后是温商侯军呈的硬骨气。

作为中国化妆品标志性品牌的创始人,侯军呈有着中国企业家身上典型的勇气、眼光与胸襟,极具个人魅力与影响力,而温商"敢、拼、创"的标签也在他身上体现得淋漓尽致。

珀莱雅创建之初的那几年，各种国际大牌收购已经风起云涌。当时也有不少海外风险投资机构曾想收购珀莱雅，香港摩根国际投资基金、LV基金等都找过侯军呈，但都被他一一回绝了，他说"要做的是中国的珀莱雅，甚至是世界的珀莱雅，不是外国的珀莱雅"。在侯军呈看来，这些风投公司背后是海外化妆品企业，被他们收购就意味着中华民族品牌将被他们"雪藏"。于是他凭借多品牌阵容和多渠道运营，继续带领团队与国际品牌贴身肉搏。

"作为全球最大的化妆品消费市场，中国有着2000亿元左右的市场份额，但是国产品牌只占到市场的30%。"在侯军呈看来，中国这片土地上，亟需建设像法国"化妆品谷"格拉斯一样的产业高地，来集聚化妆品全产业链的要素和资源，提升企业经营效率和行业整体水平，"我们国内品牌未来要做的就是，让国产品牌超越国外品牌，占领中国市场更大的份额"。他誓要扛起民族品牌大旗，胸怀是要装下世界。

2015年，源于朋友偶然邀请的一顿农家菜和侯军呈一直以来"胸怀世界"的美妆梦想，中国美妆小镇应运而生，并在埭溪的绿水青山间建房安家，侯军呈立志将此地打造为"东方格拉斯"。

十年创千亿元产值，百亿元税收

如果说创立珀莱雅是侯军呈"美妆梦"的起点，那么打造美妆小镇则是他"美妆梦"的延续。

身为一家上市企业的老板，他如今把近95%的时间花在美妆小镇上。

而身为中国美妆小镇总顾问，他则以"店小二"的姿态马不停蹄地在海外为小镇开展招商工作。

于是，法国、意大利、西班牙、摩洛哥、韩国……1年几乎300天在国外，侯军呈开启了他的"国际飞人"生涯，全球各地连轴转；从一座城市辗转至另一座城市，从一个企业飞奔到另一个企业，"昨天上午在米兰谈判，今天下午在巴黎招商考察，有时半夜里梦醒，却忘了自己是在哪个国家睡觉"。所以他打"国际飞的"的频率差不多是平均半个月一次，最高纪录是整整两个月不停地在世界各地做"飞人"，而行程中没有购物、游览和享受美食，饿了就在路上啃点热狗、面包。

如今，中国美妆小镇5岁了，而侯军呈也这么奔波了5年。

在他眼里，只有吸引更多优秀的外资企业，小镇整个产业链的发展才会更加健康、迅速。

目前，美妆小镇已引来多个国家的高端化妆品产业及配套项目，累计引进项目80余个，以化妆品生产为主导的美妆全产业链逐步形成，成为美妆产业集聚中心、美妆文化体验中心，被列入全省十大示范特色小镇和省级行业标杆小镇。

侯军呈还凭着自己多年的"江湖关系"，请来国际化妆界的名流，每年举办化妆品行业领袖峰会，让世界知名的美妆大咖来这片山青水绿的地方走走，让更多人熟知美妆小镇，也让小镇走向国际舞台。

在他的美妆蓝图里，达到千亿元产值是小镇的目标，"中国美妆小镇的未来既有工业园区，又有商业配套，还有生活居住区，未来10年内，计划建成一个人口达到 10 万、类似'东方格拉斯'的小城市，打造产值 1000 亿元的工业经济的同时，最终会创造约 100 亿元的税收"。

值得深思的是，当侯军呈转攻全球市场，中国化妆品产业或将面临又一场挑战。在侯军呈的带动下，不断有中国化妆品企业走出国门，或兴建工厂，或收购外资品牌。这不仅仅是一场企业资金实力层面的较量，更是对中国化妆品企业在公司运作、研发体系、文化背景等各方面实力的综合检验。已走在前列的美妆小镇，无疑占据了更多的可能性，这也是中国化妆品产业的下一个可能性。

以梦为马，感恩立业
搭建时尚梦想平台

将卓尚从一家四个人的小作坊，发展到如今集设计、生产、营销、物流、信息化于一体，拥有逾 20 万平方米的办公基地、年度终端零售额突破 23 亿元，销售网络遍及全国 30 余个省、市的国内知名女装企业，丁武杰用了 20 余载实现了自己最初的时尚梦想。

未来，他希望卓尚可以为更多追求卓越的人提供实现时尚梦想的平台。

他要成为造梦者，而不是被梦想激励的人。他希望以"打造时尚创业者最佳服务平台"为使命，以创建服装领域不断创新发展的生态圈为夙愿，以"期待被说服"为理念，不断自我颠覆与创新。以梦为马，他携卓尚与浙江理工大学共建众创空间、时尚科技孵化器、时尚科技产业园等形式的多层次创新载体，共同培养时尚领域未来行业精英人才。

无论是作为企业家还是行业推手，他始终怀着感恩之心回馈行业和社会。

不想做女装的工程师不是好老板

从时尚从业者的角度来看，丁武杰有点像个学非所用的"科技人才"。当他在浙江工业大学的校园里做实验、写报告、研究电气自动化的时候，根本想不到，一心想当工程师的他，未来会干上一件跟时尚有关的事情，每天跟各种各样的女装和布料打交道。

20 世纪 90 年代，电气自动化专业毕业的丁武杰，和很多同龄人一样，本分地在一家专业对口的事业单位当了一名平凡的上班族，每天朝九晚五，兢兢业业，但几年后的不幸失业让他成为一名下岗工人。

一次偶然的机会，他与浙江理工大学一位老师结识，接触到了服装，于是阴差阳错，加入了服装行业的创业大军。

1997 年，他用当时仅有的 3 万元，带着 3 名员工开始了自己的创业之路。在此之前的丁武杰从没接触过服装，他不懂管理，不会销售，不会设计，没有资金来源，也没有社会关系。作为一个门外汉，丁武杰一边卖衣服，一边学习怎么做生意：商品标识怎么做、品牌怎么注册、怎么进商场、应该怎么改进款式……从 1997 年到 2000 年，丁武杰的女装生意越做越大，这是一个理工男真正对服装有感觉的开始，而他的商业启蒙也是在那个时候完成的。

如今回顾起来，跨界创业看似很难，但他觉得创业本身就是一个挑战，或许刚开始接触陌生的行业，需要比别人花更多的时间去了解。

时下的时尚产业，许多企业都在尝试涉足更多的领域和业务，在面面俱到的潮流中，丁武杰却走出了一道最美的逆行，其本源就是"专注"。而专注做服装的同时，他也沿产业链不断蔓延，设计、生产、渠道、营销、推广，以全产业链的方式把握整个时尚的脉搏。

打造时尚产业链共享平台，建立时尚生态圈，助力产业转型升级

丁武杰思维活跃，不喜欢死板的东西，也不喜欢被条条框框束缚，但他心悦诚服于有才华的人，一块"期待被说服"的字牌被他放在办公室最醒目的位置，"为人才服务"是他特别乐于做的事。

他正在努力搭建"时尚产业创业者最佳支持服务平台"，这将会是一个时尚产业链共享平台，支持时尚人才的引进和培育，为时装企业创造财富、为时装人才展示才华创造良好的环境和氛围。

几年的时间里，丁武杰带领企业先后创建了众创空间、时尚科技产业园等不同形式的创新载体，并正在建设15万平方米的卓尚时尚科技产业园。他考虑的是如何帮到卓尚的战略合作伙伴，帮助他们实现转型升级，因为在他眼里，"只有他们有所发展，卓尚才能发展得越来越好，由此形成造血功能更强大的服装时尚生态圈，促进纺织服装产业获得良性发展"。

在丁武杰的时尚蓝图里，卓尚的目标是通过3～5年的努力，集聚众多的优秀时尚人才、时尚品牌和时尚科技类项目，打造集新设计、新营销、新零售以及培训、交流、展示于一体的科技创新平台和高级人才创业创新基地。同时整合国内时尚产业优质科研项目和创业项目，通过精准的产业

创新服务，构建全链条产业创新生态系统。

未来，他希望建设一个开放、协调、繁荣的时尚生态圈。

奖学奖教，助力新锐力量

作为知名女装企业的掌门人，强大自身服装主业的同时，丁武杰也担负起社会责任，把"感恩"和"回馈"的价值观深植于企业文化中。

在杭州，他的个人捐赠事迹比比皆是，为教育事业、文体协会、社会服务等捐款数千万元。

丁武杰与浙江理工大学有着深厚的渊源，用他自己的话说，他是一个"有些幸运的下岗工人"，在浙江理工大学接触到服装行业，如今又创办了浙江理工大学的校办工厂。

他先后与学校合作创办了卓尚大学，成立了时尚研究院，还设立了浙江理工大学三彩教育奖。2013年，丁武杰被浙江理工大学聘为名誉校友。2016年，卓尚与理工大学共建众创空间，以鼓励大学生创业为主，让每一个有梦想的创业学子实现梦想。

2020年，丁武杰计划捐赠亿元在浙江理工大学校园内建设"院士之家"大楼，卓尚与学校将以"院士之家"为依托，成立产教融合示范基地，拟建国家重点实验室、国家双创示范基地等高级科研平台，提升我省时尚产业的人才培养、科学研究和社会服务水平，为国家培养更多服装专业高素质应用型人才，服务我省时尚产业创新发展。

支持教育事业，在丁武杰看来是相辅相成、一举两得的好事，"最初加入服装行业，源于我认识了浙江理工大学的一位服装老师。也就是说，没有理工大学培养出来的人才就不会有企业现在的发展"。

做企业，要有社会责任，丁武杰深谙这个道理。因此回馈社会，设立助学金、奖学金和针对优秀教师的教学金。接下来，丁武杰还准备与高校建立更多深入的合作，给大学生创业者提供更多实践的机会。

爱心捐赠，投身社会公益

除了支持教育事业，丁武杰也积极投身社会公益事业。2020年年初，新型冠状病毒肺炎疫情暴发后，丁武杰带领企业全力支持疫情防护，积极为抗击疫情贡献力量，通过杭州市慈善总会向杭州市奋战在抗"疫"一线的工作者捐赠旗下三彩品牌价值100万元的御寒羽绒服，用温暖守护战斗在疫情前线的工作者。

事实上，"感恩"和"回馈"一直是卓尚企业文化中最为重要的价值观。最近几年，卓尚陆续向浙江省残疾人福利基金捐赠价值200多万元的衣物，荣获了浙江省残疾人福利基金会"爱心助残"的称号。同时也积极支持文体事业，2013年至今赞助浙江明仕围棋俱乐部200余万元，培育了一批又一批优秀棋手。公司在保卫G20峰会期间，不仅投入大量资金完善企业安全设施设备，更自主研发智能宿舍管理、e后勤等管理软件，为公安部门提供更精确、更有效的数据。还赞助辖区派出所警戒马甲及T恤衫，增派保安人员组成义务巡逻队，警民联手为G20保驾护航。

丁武杰曾获得浙江省"绿叶奖"，这是对其本人和企业多年来践行社会责任的一种鼓励。对他来说，回报社会、承担社会责任，是一件最平凡的事情。

从奖学奖教到爱心助残，从援助贫困山区到抗击疫情，一直以来，丁武杰和他带领下的卓尚，始终秉承"成就他人"的理念，致力于用美的力量推动时尚产业发展的同时，也用爱的力量践行自己应尽的每一份社会责任！

他常说："财富不是企业的，而是社会的，财富来源于社会，创造财富、回报社会是每一个有社会责任感的企业家义不容辞的责任。"

风尚名片

廖斌 | 君瓴商业地产基金创始人，叛逆车手，旅行
扶贫者，酒吧老板，服装厂厂长

多重身份，喂饱灵魂
游刃不同领域的廖掌门

网络、服装、驾车、旅行，一锅烩。能力和精力双重充沛的廖斌，可以游刃有余地跳跃在不同领域，谓之主流亦可，谓之非主流亦可，正如他所说，"两个以上的身份能平衡我的心灵，喂饱我的灵魂"。

闲不住的超级 CEO

认识廖斌于 2010 年，当时的他是中国服装网 CEO、衣服网总舵手，如今已摇身一变成为商业地产操盘手。

廖斌的办公室无论在哪里都很宽敞，角落里铺着高尔夫练习坪，旁边放着球杆，书架下面整齐地摆放着两排球鞋，门口安装了篮球架。

主人驾到，身长八尺，阔面重颐，头发竖起，被寒风刚定过型。才利用别人午睡时间轻松完成了自己"午爬"运动的廖斌，打扮得很"驴"：米色连帽卫衣，有些皱的牛仔裤，有些旧的运动鞋，一件防雨风衣随意地系在腰间，与想象中的 CEO 级人物很不一样。

他和大多数人一样，不是早慧的神童，没好好读书，"混社会"比较早。读书时在校园里开花店，为在女宿舍楼下苦等的男生们造福；在金华的浙师大读了一年多就不安分地弃学从商，带着几个哥们在校门口开出了金华市第一家网吧；后来卖过化妆品，也卖过保险；再后来的正经工作就是开公司，建网站，开工厂。

23 岁时一手创办了曾经在服装行业领先的主流门户网站——中国服装网，不到 3 年的时间，就让这个从三个人开始创办的小网站，成为当时国内最大的服装行业商务网站，并获得团中央颁发的"中国青年创业行动"先进个人称号。在 2008 年的"经济寒冬"里，他凭着对服装行业的热爱和对网络购物大趋势来临的敏锐意识，逆势而上创办了服装领域专业的 B2C 购物网站——衣服网。

但这个先后创建"中服网"和"衣服网"，成为我们时装补丁的廖斌，自称他的时尚分值远低于平常人。他在穿衣方面是一个地道的实用主义者，随意得很，所以他的衣橱里同时摆放着四五千元的名牌风衣和一百来元的网购牛仔裤。他唯一注重的是衣服的功能性，所以比较喜欢购买专业的户外运动品牌，买得最多、最贵的单品是鞋，他的解释是"因为自己比较重，所以对鞋子的舒适度要求很高"。

最近几年，他又和朋友一起创建了一家投资公司，主营商业地产，除了这些，廖斌还拥有很多身份。

喜欢颠簸的廖驾驶员

男人的恋爱对象除了女人还有汽车，因为可以满足控制欲，喜欢在路上的廖斌尤其恋车。他说属马的人都喜欢奔腾的感觉，不管什么时候用什么方式问他最爱的地方，他都会回答是在车里。你问他不开网站了做什么，他会说做驾驶员，可能赛车。你问他最理想的生活是什么样的，他说就是坐在车里手握方向盘任意驰骋。廖驾驶员没有说谎，身边的朋友都说他是个"变态车手"，最适合做的就是驾驶员，他可以一连近 20 个小时颠簸在黄沙漫道或公路上。

他也一直挺能折腾，7 年前就开着当时国内罕见的长城赛弗去西藏，从此迷上自驾游，一发不可收；5 年前买了当时全浙江唯一一台 1.3L 排量的摩托车，起速比法拉利还快的"隼"曾让廖斌威风数载；后来又开着"越野之王"牧马人，带了 5 个公司员工去香格里拉的月光之城共度中秋；刚刚与新伴侣"指挥光"结束了第 N 次川藏线自驾游。

"车是一个可以由我掌控的完全独立的空间"，他喜欢空间。如果一辆车的内空间过小，他会感觉封闭、压抑、极度不舒服。所以一定要选高大威猛的越野车型，他比划了一下身边的"指挥光"，雄浑矫健的车身，空间很足。不能是跑车，"大个头钻进去，岂不是就跟坐在地上一样，很难受"。谈话间，廖斌突然想起自己几个月前开过两天宝马 mini，这事儿让身边朋友"耻笑"了一个月之久。

除了工作和旅行，他最好的伙伴就是朋友与酒。休息日，他若不在开车的路上，就肯定在朋友的酒桌上。这是一件让他最放松的事，和一群心无芥蒂的朋友大口喝酒，胡扯猛侃，让他觉得很 man。年轻气盛时曾经通过酗酒的方式释放工作压力，还开了间酒吧，如今还在。后来他找到了健康的放松方式——旅游，"像海豚扎进水里一样，迅速融入另一个环境，在这里，你不用对任何事情产生挂念"。

眷恋自驾游的切肤感受

自驾游永远是廖斌绕不开的话题。24岁的时候，他第一次去西藏。"去了西藏，你的人生观都会发生改变"，在那块土地上，他第一次失眠，因为古格的守城人在他本子上写下的第一个词是"天星雨"，第二个词是"呼吸"。于是他把自己浸在湛蓝的天空下，想象身体正向神山圣湖靠近，感觉自己在高原的风里摇摆，从身体到心灵……随后他经历了一生目前只有一次的意识空白，亦真亦幻，虚虚实实，廖斌说他这些都经历过了还有什么眷恋不能摒弃？这次旅行让廖斌如凤凰涅槃一般重生，这也许就是旅行的一种作用，它是一味很好的疗伤药，廖斌彻底爱上了旅行。

在廖斌看来，旅行中的美是因为经历了2/3的残酷旅程，灰头土脸之后出现的湖水，碧蓝得刺痛了人的眼睛，"那是最美的"。

现在他远离了24岁，依然保留了很多爱好：旅行，喜欢开有速度和探险精神的车。他曾带领车队自驾穿越环境险恶的新藏线；也曾行驶在生命禁区可可西里；还与魔鬼城罗布泊进行生命强音对抗……几年内，四川、西藏、内蒙古、新疆、东北、桂林、海南等中国的十多个地区都留下了他的轮胎印，即便再忙，他也会每年留出至少一个月的时间交给旅行。细数他的旅行路，中国其实已经快被翻了个遍。对他来说，世界上最美的地方仍然在中国，那是一种切肤的自豪感。

彪悍与柔情融于一身的马场 CEO

从事严肃的行业，在工作中找到帮助弱势群体的人生价值；热爱充满征服感的运动，认为那是男人的游戏。没有张扬，生命中的每一个表情都交给了专注。

复杂的履历

眼窝有点儿浅，眼皮有点儿宽，眼神有点儿野。男人惊于一双眼，无疑，目光如炬、充满睿智的眼神令他拥有独特的气场：自信、坦率、健康、果断。和他握手，能感觉到他充满力量的精神；和他对峙，能感觉到他目光中犀利的光芒；和他对话，每个字都掷地有声。年过而立，看到他笑却看不到他脸上的细纹。他对生活的崇敬，能让所有人都肃然起敬！

这是个不安分的男人，做过皮划艇运动员，拿过专业奖项；当过侦察员，是警队里出了名的"神射手"；后来开了律师行，创立杭州第一家侦探所。公司员工眼中的于正是一个脑袋上老是绕着烟圈、不停加班工作的男人，这种马不停蹄的工作之外，他的另一爱好是在马场或是野外驰骋。

谁叫他同时还是一个资深的马术爱好者，并在城西开设了浙江地区面积最大的马术俱乐部，还忙着筹划组建浙江第一支"女子骑警队"。眼前的于正俨然一个贪心的人，于各种身份角色间游走，在变换状态的同时，个个都是真正的自己。

他将当下流行的 crossover 混搭入自己的生活，法律工作者是他的主流身份，专业骑士和马业推广者的身份在他的非主流生活中唱主角。"我向往法律事业为我带来的价值和生活质量，而我用非主流的生活发泄自己叛逆、强势的一面。这样的生活方式给我带来的是生活里更多的不确定因素，带给我完成挑战之后的巨大精神愉悦。"

男人的"玩具"

挑战，是于正成长经历中的精神所在。在他看来，男人在不同的年龄段里需要有不同的"玩具"。13 岁时，于正成为浙江省皮划艇队的运动员，四年的运动生涯，皮划艇为他带来了生活的力量；20 岁时，他进入浙江省警队，成为一名侦察员，四年的警队生活，让于正多了个"神射手"的美誉，手枪是他当时的玩具，他在射击的过程中给了自己超强的自信心；24 岁时，他离开警校，从事象征睿智、正义的法律工作，与此同时，狂妄不羁的性格让他爱上了越野摩托，他可以翘起一只车轮在旷野任意旋转，越野车又成了他的玩具，"那是一种超越感和控制力"。

如果说这些征服感的运动见证了他的成长经历和性格演变，让他流连于 N 种状态式的精彩里面，那么 30 岁时开始拥有的马术情结就是他成熟的标志，"那是一种对自由和激情的渴望"。回想头一次骑上马的那一刻，于正激动不已，"血往上涌，全身细胞激越，才发现往日的温柔模样通通瓦解，剩下的只有一颗野性难驯的心"。马术是什么？当这个"铁杆马迷"穿着一身帅气的骑士服出现在摄影棚，以浙江马术推广人的身份高谈阔论马背上划定的商业格局时，记忆里高贵不可亵玩的马术，似乎用四个字就能轻轻地触摸——人，马，精神！

马术对他来说已经不仅仅是一项运动了，"它带给我一些思考的方法，有一种思想上的指导性。它所赋予的成就感，并不仅仅是征服的快感。马会成为你生活中最忠实的伙伴，在驰骋时的默契配合，在相处时的惺惺相惜，都会唤起内心深处潜藏的自信，缓解孤独和压抑的情绪"。

不会洗尿布的摄影师不是好爸爸

他是洗尿布的摄影师，拍照片的"重口味"奶爸。既要出外赚钱又要回家带娃，当起"保姆"兼"奶爸"，却总是笑料百出。

《囧爸的幸福生活》是他从自家宝贝出生后，自拍自导的"超级奶爸生活"，整组作品记录了小雨馨成长的点点滴滴，也记录了他一年奶爸生涯的点滴生活。照片里他和女儿摆着各种搞笑 pose，看后让人忍俊不禁，但同时又倍感温暖，而感动的源泉是这位"囧爸"相机背后那份浓浓的爱意。

留给未来的"可乐回忆"

"外来粪青初来地球""小 p 孩驾到陈公馆第一天""雷人睡姿大曝光""2013 年囧娃成长记"……陈刚的 QQ 空间里，有一个专为自家宝宝创建的"小 p 孩系列"亲子相册。鼠标划过主角在摄影师老爸的镜头里慢慢成长，感动又温暖。他还为每张照片都配了解说，宝宝憨态可掬的小模样，和陈爸爸字里行间流露的浓浓的幸福、满满的爱，引得众网友各种羡慕。

要知道，这可不是通常意义上的宝宝写真，小女娃变身飞刀削番茄的忍者、穿裙子的粉刷匠、踩高跷的修车工、拯救地球的女超人……陈刚选择了一种不同寻常的幽默方式来捕捉女儿雨馨脸上的表情，同时选择的拍摄场景也十分有趣，草丛中、袜子里，甚至是挂在树上的小摇篮中，仿佛梦境里的小天使。当然，除了将女儿带入各种恶作剧，他自己也演绎了一个缺乏基本生活技能，有时候卖萌、有时候手忙脚乱，让人又气又爱的囧爸形象。

陈刚将这些照片设计成一系列颇具奇幻色彩的摄影作品——《囧爸的幸福生活》，作为送给女儿雨馨的周岁生日礼物！有人说，为宝宝拍这样的搞怪照片是父母把孩子当成了玩具，是对孩子的成长不负责任，但陈刚觉得，这是一种很好的亲子沟通方式，"我的搞怪不恶俗，可以想到以后她长大了看着这些造型，会觉得多么好笑，这会让宝宝产生更多和我们之间的情感交流"。

从奥黛丽·赫本到戴安娜王妃，1年拍了3万张照片

小雨馨的生活全貌都被馨馨爸记录在了相机里，他把女儿放进成人的日常生活场景，打造出一本颇具奇幻色彩的"囧爸萌娃"系列作品。

比如，《伟大女性》中，他将女儿扮成奥黛丽·赫本和戴安娜王妃；《初次品尝》系列，他定格了女儿在第一次品尝陌生食物时的可爱瞬间；《奇葩发型》则在育儿网站举办的婴儿发型比赛中，获得了"最狂野发型"头衔。陈刚一天一张地把女儿的照片收集起来，累计下来已经拍了3万多张。

这些照片里，小裤衩，大头花，小浴帽，快乐的脚趾头，还有那只有点犯懒的毛绒熊，都成为相当抢镜的元素。为了彰显个性，连大人用的毛巾、遥控器，妈妈的衣服、丝巾，甚至食品包装袋，都成了小雨馨"变身"的道具。灵感无处不在，有的是趁宝贝酣睡时偷拍，有的是在家喂饭时抓拍，有时在影楼里等客人，闲来无事，就拎上自家"御用小模特"进棚拍照。老爸是摄影师，女儿被拍得多了，见到相机就要躲，现在每次要拍点啥，都需要软硬兼施、威逼利诱，辅以各种玩具啊，小蛋糕啊之类的引诱，才能配合。每每"忽悠"成功后，馨馨爸就会一边拍一边在心中暗喜："不花钱的模特真讨人喜欢。"不过，小雨馨也继承了老爸的衣钵，从小镜头感不知从何而来，每次一上来就做各种表情和 pose。

贤惠奶爸＋多情保姆，爱在宝宝的"奶味"里

除了拍照片，洗尿布也是馨馨爸生活中的正经事！自打有了娃，陈刚这个菜鸟级奶爸开始学着在家做饭、换尿布、帮宝宝擦鼻涕，陪她玩玩具、给她讲故事。在历经半年"不堪回首"的日子后，他总算熬出了头，现在对于照顾娃这类家庭琐事，完全不在话下。只要看到小雨馨那红扑扑的小脸蛋和黑漆漆的眸子，再闻到宝宝身上香香的奶味，他就会立马变身最贤惠的"奶爸"和最多情的"保姆"。

小雨馨渐渐长大了，更不好带。有一次因为老婆出差，陈刚不得已当了几天全职奶爸。"第一天就想要逃了，照顾她吃喝拉撒就够忙活的了，完全没时间为自己准备晚饭，做全职奶爸 6 天，吃了 4 顿泡面、2 顿面包。"

还有一次，陈刚带女儿去医院打针，在输液室坐下没多久，邻座的妈妈解开衣扣当众哺乳，而且也不注意遮挡。当时输液室都坐满了，他也没法换到别的位置去，如坐针毡，无比尴尬。

陈刚亲身体会到，带孩子的男人伤不起！

"你每天要重复面对各种琐事和压力，但神奇的是，当你想到他们慢慢长大的样子时，就会觉得无比的欣慰与快乐。"

风尚名片
李林 | 时尚达人，摄影师，造型师，魅摄影老板

是"潮爸"，更是"超爸"

潮男长啥样？一身名牌？奇装异服？统统不对！这年头，手里拎娃走江湖、打扮正点的潮爸才拉风。

奔四的李林有不少头衔，时尚达人、专业摄影师、造型师、魅摄影老板，但他自个儿最自豪的一个就是"潮爸"。儿子的玩具他先玩，儿子的造型他"钦定"！每次走在大街上，李林和儿子就好像快乐的"哥俩好"父子搭档，一个帅气有型，一个炫酷无敌，看上去养眼又有爱，真是无敌了！

潮爸中的"极品爸"，穿高跟鞋抱着儿子拍照

奔四的李林在摄影圈里早已混出了名堂，而时尚在他眼里，更是上升到了某种信仰。

为了穿衣服更好看，他连续两个月不吃主食，甚至花数万元在美体中心订减肥疗程；他拼命健身，就是为了保持身材，穿那些贴身的衣服。精致、英伦，外带一点点"小中性"，一直是李林最爱的范儿。

这种"为时装而生，并可至死"的精神，在他当了爸爸以后，甚至有

增无减、愈演愈烈。

已是孩子他爹的李林，曾自曝在朋友聚会的派对上穿裙子跳钢管舞，甚至模仿电影《超级老爸》的海报，踩着高跟鞋、抱着儿子拍照，但那仅仅是为了娱乐和艺术。在他看来，"衣服是自由的，穿它的人也该是自由的，至于什么男装、女装、童装的分类，都是人类按照常理和主观意愿硬性规定出来的。穿什么衣服的根本在于是否适合一个人的风格"。

至于李林的理想，就是成为潮爸中的"极品爸"！

靓仔养成记，出门得跟爸爸一样有型

为了把"拗造型"变成正经事儿，李林曾特地打飞的到北京，在东田造型"深造"了1年多，成了自己影楼里的首席摄影＋造型师。

儿子仔仔出生后，李林顺理成章地成了他的"御用造型师"。单眼皮的仔仔不是标准的帅哥，但有着古灵精怪的气场，特别适合另类的个性风，李林无时无刻不在儿子的穿衣打扮上动脑筋，出门得跟爸爸一样有型！

遗传了老爸的爱美基因，仔仔从小就展现出时尚天赋：喜欢照镜子，爱一切美丽的事物；喜欢质地舒适、风格炫酷的服装。对穿衣搭配也非常"大男人"：偏爱亮色，拒绝粉红。

这两个人在一起讨论起穿衣打扮，有讲不完的话。

跟着老爸，仔仔常去的地方就是摄影棚，看了无数场秀和演出，他早就不怯，还能在各种场合指出自己喜欢的服装类型。目前，在李林的培养下，仔仔是某广告公司的签约小模特，大场面见得多的他，在任何时候都很淡定，发挥平稳。

带着这样的小潮孩儿出门，绝对比拎上一个名牌包更有范儿。刚过去的六一儿童节，"好哥俩"穿着最新款的 Crocs 鞋，再配上荧光色的"星球大战"T 恤和色系一致的工装短裤，博得许多眼球。

前两天，儿子仔仔给老爸布置了新任务："快给我买一本书，叫《今天我该穿什么》，据说现在这本书很火，我要从 FIFI 兔的身上找点时尚灵感！"

与儿子一起打响网络攻防战

仅仅有"潮爸"的头衔并不能让李林感到满意，成为"哥俩好"的极品"超爸"才是李林的终极梦想！

养儿育女绝对算得上"技术活"。李林当起超级"奶爸"来也是有模有样，为了"取悦"儿子仔仔的胃，如今的李林既"上得厅堂"也"下得厨房"。而且，接送幼儿园、伺候娃的事也都干得有条有理。至于陪玩、亲子活动，更是小事一桩，难不倒他。

不知道是不是儿子把童心未泯"植入"了李林的性格里，他浑身散发出活力，有的时候甚至分不清究竟是他陪儿子玩，还是儿子陪他玩，他永远是玩得最多、玩得最疯的那一个。

李林为了能和儿子展开进一步的思想接轨，还逼着自己把网游玩得熟门熟路。

一天，仔仔打开电脑，《魔兽争霸》上弹出个对手邀请，ID 叫"仔仔他爹"。很快，他与儿子打响了网络攻防战，在给仔仔置办"魔兽"装备的同时，李林自己的"武器装备"也丝毫不落后，常常一式两份。就这样，"哥俩"在"魔兽世界"里斗智斗勇。有时，李林中了儿子设的套会大呼："太坑爹了！"

儿子是老爸专属模特

作为专业摄影师，差不多每个月李林都会给儿子拍摄一组照片，以记录儿子成长的脚步。有时闲来无事，他也会把儿子仔仔抓过来一阵折腾。儿子被拍得多了，见到相机就躲，现在每次要拍点啥，都需要软硬兼施、威逼利诱，辅以游戏、大餐的引诱，才能配合。

有一次，李林用上家里一切可以利用的道具，精心地给儿子"打扮"：先给他戴上一副遮盖住大半张脸的蓝色墨镜，再往他的头上裹一块红毛巾，最后给他穿上一条嘻哈风十足的低裆裤。妥了！随后，伴随着"咔嚓"一声，一张雷人的宝宝恶搞照定格了。

后来，李林就时常趁仔仔熟睡时拍恶搞照，为了彰显个性，化妆箱、手机、遥控器和吹风机等都派上了用场。配上儿子酣睡时的表情，一组组宝宝恶搞照就诞生了，每一张都让人忍俊不禁。

这些照片有时会被李林晒到论坛上。其他潮爸潮妈们看到后，不但仔细研究照片，甚至连照片中的"道具"都仔细钻研。一次，妈妈们发现一张照片里仔仔的遥控车很不错，于是她们团购了 30 多辆同样款式的遥控车。

第九章

风尚造型

风尚名片
吴伟（阿伟）IWAKEUP 造型机构艺术总监

相信我，发型交给我

时尚江湖，高手如林。能在高深莫测的美发界立足，最后独领风骚者，绝属江湖高手之高手，杭城一流刀客阿伟，当属其一也！

走在全球舞台上的"剪刀手"

他的全名吴伟鲜为人知，他的艺名"阿伟"却在美业江湖上风靡。曾任浙江省美发美容协会副会长、浙江省美发美容工会副主席，也是杭州很出名的理发师。如今，他在瑞豪酒店2层的"WAKEUP"位列杭州高端美发沙龙。

而出了国门，吴伟这个名字，比阿伟更叫得响。他是美发界专业修剪"钻石修剪系统"的创始人，他是唯一受邀参加宝洁全球发型趋势表演的中国发型师，曾担任威娜全球趋势比赛唯一的亚洲评委，受邀参加每年全球趋势发型的研发和制作。身为国内为数不多的国际级美发大师，他还是众多专业时尚杂志的约稿发型师。曾担任"2011威娜国际趋势奖"总决赛全球评委，现任宝洁专业美发大中华区明星发型师，在亚洲美发领域具有举足轻重的地位。走在全球舞台上的剪刀手阿伟，带领他的发型团队，为中国美发界赢得了诸多荣誉。

头发也有"高级定制"

16岁开始"刀客"生涯的阿伟，24岁创办阿伟美发有限公司。出道至今，他手上的剪刀已经拿了30年。

所谓头等大事、顶上功夫，想不难不可能！最疯狂的时候，阿伟每天工作12个小时，赚来的钱统统给日本、韩国和欧洲的美发学院交了学费。

阿伟本人则把每天10个小时的工作时间都献给了他的粉丝们，剪发价格不涨，但预约数量猛涨，需要提前10～15天才能约上。发型师做得好不好，还要看老客多不多。他的客人有点夸张，上海赶来的还不算千里迢迢，最远的客人在北京，剪头发一定要找阿伟，一年过来好几次。

他的店每隔一段时间还会有一次培训，每位发型师皆为他亲手带出来的徒弟，很多都跟了他十多年，他甚至每年把优秀的发型师送到国外培训，"剪发是技术，我们值"。

而他的目标可不仅仅是给别人剪几个"贵头"那么简单，他希望在确立自己在全球美发界位次的同时，把"阿伟"打造成一家时尚产业化公司，像许多国际著名设计师那样培养专业人才。他的第一家培训学校早在两年前就开出来了，阿伟想借助这个平台，把自己二十几年的经验传承下去，让更多的年轻人像他一样，站到世界的舞台上去。

"没风格"的"三不剪"，拜师"90后"

手无兵器，一流刀客何以驰骋江湖！阿伟的"兵器"是一把数万元的日本大武士剪刀，找日本剪刀大师定做的。手握此"兵器"的阿伟有"三不剪"：第一种，就是非主流，因为他自己不了解非主流；第二种，就是拿发型图片来叫他照做的，因为他不喜欢张冠李戴；第三种，就是那种还没有做好准备的人。他最怕就是在剪发的过程中这里看看，那里看看，"这样会影响我已经设计好的思维空间，出来的作品肯定会受影响。要来找我应该先了解我，这样我们合作时候就会更有默契，相信我，交给我就ok啦"。

在这个个性化的年代，"没有风格"就是阿伟的风格。举个例子，他和杂志合作造型，从来都是做读者想要看的样子，而并非编辑或者同行想看到的东西。"无论是明星、模特还是普通人，都有他的需求，作为服务行业，我们首先要做好的是辅助他们达到想要的效果。"

在阿伟"刀"下，发型应该是有趣的，他不喜欢很简单、很乖的头发。比如女士的头发，他会打造偏厚重感的头发，不会让头发很碎很薄，会让头发有蓬松感、有活力。打造简约的欧范儿发型也是阿伟的特长，如果你想头发长度不变，又希望每月变换不同造型，每月来找一次阿伟剪发就没有问题了。而对于男士的头发，他会让发型的保持性很强，怎么动，线条也不会变，发型也不会变。

至于阿伟自己的发型，他的每一位徒弟都有可能成为他的个人发型师，他们大多为"95后"，而他自己也经常去日本向当地"95后"发型师偷师，不是学技术，而是学信息，自身求变，不断接受新的东西。

想剪个马云的最新发型吗？

他每周只有 1 天接受预约，1 天不超过 8 位客人；他是很多明星、名流的御用发型师；他不仅仅是在给你剪发，还是一次全方位的形象设计，就像在完成一件艺术品。所以，如果你想体会一下发型的私人定制，找他就对了！

朱元璋、小龙虾和乔治

杭州的美发江湖，高手如林。

"乔治"这个艺名在江湖上风靡已久：他每周只有 1 天接受预约，客人却排到了至少 1 个月以后；甚至有顾客到外地出差，中途打飞的回杭州找他染头发……

如今，以他的名字命名的"侨治发型"已在全国拥有 20 家大型连锁店，拥有员工 800 多名。

但作为一个发型师，行业内对他的肯定，不仅仅在于他开了多少家连锁店、赚了多少钱，而是看他的作品。

他常常作为"唯一"或"唯二"的中国评委参加俄罗斯、德国、日本等地举办的发型大奖赛；他曾经以"全球年度十佳时尚发型师表演嘉宾"的身份，受英国美发协会邀请去伦敦表演；他还是"施华蔻亚洲形象大使"，经常在国际舞台上展示最新的美发趋势；其实在更早之前，他就曾以"年度时尚发型师表演嘉宾"的身份，参加在香港举办的"亚洲美容美发大赛"，并一举拿下形象设计组亚军。除了这些之外，其实还有很多行业内的光环笼罩在他的头上。

乔治的老家在江苏盱眙，风趣的马云曾经这样"夸"他：盱眙在历史上只出过三样东西，朱元璋、小龙虾和乔治。

一次全方位的私人定制

"招牌"的礼帽、修剪有型的精致胡须、皮质镯子叠套在手腕，一身时髦的乔治站在个人专属的VIP理发室内，拉开随身黑包，亮出各式理发工具，剪刀飞舞，发丝落地，仿佛拥有经典电影《冠军理发师》中"乔治"巧夺天工的手艺。

现在，作为一个拥有20余家分店的管理者，乔治不得不减少在店里理发的时间。不过，他还是乐意自己上，每个星期的周五，只要不出差，他一准儿出现在店里，哼着小调替客人剪头发。

乔治曾为明星设计过发型，店里挂着很多合影，总有些客人指着照片要求做明星那样的头发。此时，乔治定会抛出他那句名言："我能给你剪明星的发型，但不能给你和他一样的面孔。"在乔治眼里，发型就像穿衣，没有好与不好，只有适不适合。他一直认为发型师之间差的除了技术，更多的是一种与生俱来的感悟能力，关键是要捕捉客人身上的特质。

正因为这样，他不喜欢"伺候"急性子的客人，来找他剪头发的除了名人就是十多年的老客，先不急着做头发，喝茶先，冬天喝普洱，夏天喝龙井。遇到不熟悉的客人，那肯定是要跟他聊上一大阵儿再下剪子的，工作性质、环境、诉求、性格特点……完全了解个遍，然后再将这些信息结合客户的身材、气质、年龄、脸型、头发密度，进行一次量身设计，剪出来的发型想不适合都不行。

此外，在"剪、烫、染"这三个发型师的指定动作之外，乔治还做了一点加法——整体造型，这自然比剪刀手更具挑战性。他的老店设有服装区，会陈列和寄卖一些本土设计师的服装作品，设计好头发后，乔治便可以为客人在服装方面进行指导和搭配，完全是非常个性化的私人定制。

马云喜欢坐在他的理发椅上说笑话

随着乔治在全国时尚界人气指数的日益飙升，很多明星、艺人都信赖他。从名模孟广美、吕燕、瞿颖，到明星黄晓明、李汶、胡兵、陆毅、汪涵等，都是他的客人和朋友。

在影视圈，认可他手艺的还有导演张纪中和演员胡兵，乔治是张导的御用发型师，我们经常在电视中看到张纪中大气张狂的造型，就出自乔治之手。张导对这个发型相当满意，即便因为在外拍戏抽不出时间到杭州剪发，他也会坚持几个月，总之一定要赶到杭州，找乔治替他剪发；而杭州演员胡兵更是乔治多年的老客兼兄弟，他每次回杭州都要约上乔治一起聚会、出去玩。

当然，乔治的贵宾名单中，也有不少时尚圈之外的名人、企业家。

马云就很信得过他，马云的助手陈伟在新书《这还是马云》中，就曾大篇幅地提到乔治为马云剪发的情景。作为马云的御用发型师，乔治透露：他比较喜欢干净简单的发型，越短越好，最好接近光头。另外，马云也很风趣，理发对他来说是个不错的休闲活动，从洗发到剪发的一个半小时既不能打电话，也不能看新闻，放松的过程中会讲很多有趣的故事和经典的语句。

当然，还有很多乔治不愿意透露的名人，喜欢趁着弄头发的工夫和他说说私房话。总之坐在乔治的理发椅上，听不到别人在你的耳边唠叨"烫个头""染个发"，另外再买点什么护理产品或美发工具，而会在完全放松的状态下接受"改头换面"。

想知道城东潮人们为何排队找他理发吗?

在城东，爱打扮的潮人们都知道这样一位发型师：不擅表达却深谙你的要求，不管你是小心翼翼地拿着图片去，还是直接用嘴巴表述，又或者干脆一屁股坐在椅子上，撂下句"看着剪吧"就呼呼大睡，他都不会让你失望！

穿过发丝的"手"

恋爱中的女人常说，她们的男人让她们觉得自己美丽且重要。发型师却随时可以给她们这样的感觉：少一些彪悍，多一些温柔。

钱江新城，名不见经传的鼎点美业，常常人头攒动。某个阳光灿烂的午后，你身心放松地走了进去，侍应生微笑着迎上前来，第一句话多半是："请问，您有没有相熟的发型师呢？"你不用仔细搜寻就会看见一双眼睛在对你微笑，这个人就是鼎点的掌门人马宗华，江湖人称"小马哥"。

小马哥的女粉丝超多，有的从他20年前刚出道开始就成为他的铁杆粉丝，追随他手里的那把剪刀跑过了七八个发廊，直到现在他拥有自己的

5 家连锁店。而当年剪头发还哭鼻子的小姑娘，如今也抱着自己的女儿来找他剪头发。

认识越久，他笑容越多。客人们可以放心地把头发交给他，把心情交给他。他对你的美丽了然于胸，却很少与你交谈、聊天。女粉丝们也知道，这个男人工作时不喜欢分散精力，只是任由他那纤长干净的手指摆弄她们的头发。

从"头"看女人

有人说"女人像头发一样纷乱"，意思是说，男人面对女人时，就会如风中乱发一样难以理清。

但在小马哥的眼里，"头发和衣服一样，并不是你想拥有什么样的发型才选择它，而是你想成为什么样的人"。

专注细节，"没有风格"就是高手

小马哥的连锁店在城东一家跟着一家开，店面也扩大了 N 倍，慕名而来的客人和他剪发的价格一样，一路看涨。特别是许多城东一带的小姐妹，排几个月到他店里等十几个小时可能只为剪一个刘海；温州赶来的还不算千里迢迢，最远的客人在新加坡，一年回国好几次，一定要找小马哥。

但不管人气有多旺，预约时间有多长，手上的技术可不是光靠嘴巴说的。所谓头等大事、顶上功夫，这么多年除了实打实的磨炼，他还会定期去日本、巴黎进修，学习最新的技术和发型。

就说男发吧，都知道男士的毛寸需要给力的基本功，小马哥对男士发型的细节处格外留心，鬓角长一厘米还是短半厘米他都会细细考量。而且，他剪毛寸、板寸全都是手剪，而不是用推子推，剪一个男人的头发也需要半小时到 40 分钟，只为专注于细节，慢工出细活！

至于风格方面，"没有风格"就是小马哥的风格。他不愿用任何标签束缚自己，也比较忌讳作品被几句话、几种类型框定。在他眼里，一个发型师如果仅仅偏好某一种风格，那就是"挑食"，不能创作出多样而健康的作品。实在非得讲的话，他最近的兴趣徘徊在打造自由而轻薄的法式浪漫风格。

另外还有一点，小马哥不喜欢很简单、很"乖"的头发，他认为发型应该是有趣的。在他的鼎点美发沙龙里，他常常温和地（有时则是半强迫地）劝说那些战战兢兢的顾客放弃当下流行的蓬松高耸鬈发，或是千篇一律的 bobo 头，把头发打薄、弄乱，重新造型。